CORNELIA WERNER

DAS VENUS PRINZIP

Entdecken Sie Ihre Sexualität mit allen Sinnen

INHALT

»Wir alle sind am richtigen Ort zur richtigen Zeit in unserer sexuellen Entwicklung.«

(Annie Sprinkle)

Ein Wort zuvor _____ 4

AUF DEM VENUSBERG _____ 7

Die Reise beginnt _____ 8
Der Blick vom Venusberg _____ 8
Frauen als Schöpferinnen _____ 9
Stärken Sie die Venus in sich! ___ 13
Ihr Ausflug auf den Venusberg _____ 13
Im Reich der Frauen _____ 18
Mutter – die erste Frau in Ihrem Leben _____ 18
Freundinnen – Verbundenheit und Konkurrenz _____ 22
Im Reich der Männer _____ 26
Väter und Töchter _____ 26
Männer, Macht und Sexualität _____ 31
Männer sind anders ... _____ 31
Aufbruch zu neuen Ufern _____ 34
Wo haben Sie lieben gelernt? ___ 34
Die Sprache der Liebe wiederentdecken _____ 36

IM LABYRINTH DER VENUS _____ 39

Jenseits von Idealen _____ 40
Von Idealmaßen und Superweibern _____ 40
Irrgarten oder Labyrinth? _____ 41
Schatten und Dämoninnen _____ 44
Schattenanteile unserer Persönlichkeit _____ 44
Kreativer Dämoninnen-Dialog _____ 49
Vom Märchenprinzen zum inneren Geliebten _____ 52
Immer auf der Suche nach Mr. Right _____ 52
Anima und Animus _____ 53
Wie Sie Ihren Inneren Geliebten rufen _____ 55
Der Körper – Instrument der Liebe und der Lust _____ 58
Sich besser fühlen, statt besser aussehen _____ 58
Wie stehen Sie zu Ihrem Körper? _____ 61
Schauen Sie sich an! _____ 61
Entdecken Sie Ihr zentrales Liebes- und Lustorgan _____ 63

DER VENUS-CODE _____ 69

Ich bin die Quelle meiner Lust _____ 70
Ihr persönlicher Code zur Lust _____ 70
Venusschlüssel _____ 70
Zeit – Lust- und Luxusfaktor _____ 79
Wo die Lust zu Hause ist _____ 80
Fünf Sinne für die Lust _____ 80
Der Busen – Symbol der Weiblichkeit _____ 86

INHALT

Yoni – das weibliche Zentrum
 der Lust _____ 88
Die sexuelle Selbstliebe _____ 97
**Orgasmus – auf dem
 Höhepunkt der Lust** _____ **102**
Orgasmus-Mythen allerorten _ 102
Was beim Orgasmus passiert _ 104
Sex und Herz _____ 106
Auf dem Weg zum Orgas-
 mus _____ 107

IM TEMPEL DER VENUS _____ 113

**Lustvolle Übungen und
 Rituale der Liebe** _____ **114**
Tempel der Lust _____ 114
**Liebesperlen für jeden
 Tag** _____ **116**
Entspannen, zentrieren,
 Kraft tanken _____ 116
Der kosmische Atem _____ 116
Venus Secret _____ 117
Übungen mit dem Yoni-Ei _ 118
**Sinnliche Entspannung
 allein und zu zweit** _____ **119**
Balsam für die Seele _____ 119
Kafuné _____ 119
Der Puls des Liebens _____ 121
**Energieübungen für den
 freien Fluß der Lust** _____ **123**
Energie für die Liebe _____ 123
Beckenprellen _____ 123
Beckenschaukel _____ 124

Chakren und der Energie-
 fluß im Körper _____ 126
Chakra-Übungen _____ 130
**Neue Impulse für das
 Liebeslager** _____ **132**
Partnerschaft und Intimität _ 132
Heilende Yoni-Massage _____ 133
Selbstliebe-Ritual zu zweit _ 138
Das Königsspiel der Liebe _ 140
Feueratem-Orgasmus _____ 142
Talorgasmus – die Kunst
 des Nicht-Tuns _____ 144
**Tantra – vom guten Sex
 zur Liebe** _____ **146**
Ursprünge des Tantra _____ 146
Die tantrische Begrüßung _ 146
Seelenblick _____ 147
Nadabrahma – eine Liebes-
 meditation _____ 148
Die Innere Flöte _____ 149
Die sinnliche Einweihung
 eines Geliebten _____ 152

ZUM NACHSCHLAGEN _ 154

Bücher, die weiterhelfen _____ 154
Adressen, die weiterhelfen _ 155
Sachregister _____ 156
Impressum _____ 159

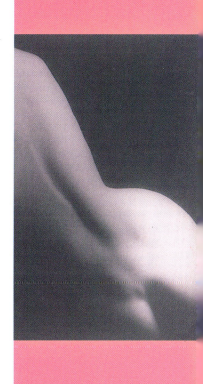

EIN WORT ZUVOR

Lust und Frust – diese beiden Empfindungen scheinen im Alltag der meisten Frauen untrennbar miteinander verknüpft zu sein. Zu Beginn einer Liebesbeziehung sieht es freilich meist anders aus. Nicht nur das Liebesspiel selbst, sondern das ganze Leben ist erfüllt von Sinnlichkeit. Wir finden uns schön und begehrenswert – unwiderstehlich weiblich eben –, genießen es, eine Frau zu sein, und spüren einen Kraftzuwachs in nahezu allen Lebensbereichen. Denn wer seine sexuelle Energie ins Fließen bringt, wer ja sagen kann zu seiner Sinnlichkeit und Lebendigkeit, wird auch selbstbewußter, und es fällt ihm leichter, sich Schwierigkeiten im Berufsleben oder in anderen Alltagssituationen zu stellen – ganz abgesehen davon, daß auch die Blumen bunter werden, die Sterne heller leuchten und der Wind einem zärtlicher über die Haut streicht.

Leider, leider hält dieser wunderbare Zustand meist nicht allzu lange an, und der schmerzhafte Prozeß der Entzauberung beginnt. In dem Maß, in dem der Liebste anfängt, einige unserer Eigenarten als »Macken« wahrzunehmen, droht das erstarkte Selbstbewußtsein wieder zu schwinden – was übrigens in ähnlicher Weise durchaus auch für Männer gilt. Und wenn dann eine in ihrem Selbstbewußtsein und ihrer sexuellen Kraft geschwächte Frau auf einen ebenso verunsicherten Mann trifft, passiert im Schlafzimmer das, was verschiedenen Untersuchungen zufolge in unserer angeblich sexuell so befreiten Gesellschaft immer häufiger geschieht – nämlich nichts mehr oder doch zumindest nur ein müder Abklatsch dessen, was eine wirklich befreite Sexualität sein könnte.

In einer solchen Situation können Sie sich entweder mit dem scheinbar Unvermeidlichen abfinden oder Ausschau nach einem neuen Traumprinzen halten. Oder Sie beschließen, die Verantwortung für Ihr Leben und vor allem auch Ihr sinnliches Erleben selbst zu übernehmen. Egal ob Sie gerade in einer Liebesbeziehung sind oder nicht, steht Ihnen der Weg offen, Ihr sinnliches Potential zu erkunden und ja zu sagen zu sich selbst, zu Ihren sexuellen Wünschen und Bedürfnissen – und zu Ihren ganz persönlichen Vorlieben in Lust und Liebe.

Mit diesem Buch möchte ich Ihnen Impulse geben für ein lustvolleres Leben, in dem Sie Ihre Weiblichkeit voll und ganz genießen. Ver-

VORWORT

stehen Sie die Göttin Venus, der das Buch seinen Titel verdankt, als eine Verkörperung erfüllter Weiblichkeit, Liebesfähigkeit, Sinnlichkeit und Schönheit, die auch Sie in sich tragen und die es lediglich zu entdecken gilt. Auch wenn Sie's im Moment vielleicht nicht glauben: Es ist nicht schwer! Ganz im Gegenteil: Sie werden ganz neue Potentiale erschließen, die Sie beflügeln.

Ihre Sinnlichkeit zu erforschen erfordert zwar manchmal Mut und auf jeden Fall Ihre Bereitschaft, sich für etwas Neues zu öffnen, ist aber nie und nimmer anstrengend. Es geht dabei nicht darum, Leistungen zu erbringen und eine andere zu werden als die, die Sie sind. In eine sinnliche Frau verwandeln Sie sich nicht dadurch, daß Sie dank Diäten, Problemzonentraining, Silikon und teurer Spitzenunterwäsche dem Bild des Sexsymbols, wie es in Werbung und Zeitschriften präsentiert wird, entsprechen. Ihrer Sinnlichkeit und damit Ihrer Lebenslust kommen Sie vielmehr dadurch auf die Spur, daß Sie sich mit Leichtigkeit und Neugierde auf den Weg machen zu entdecken, was Ihnen guttut und wie Sie sich rundum wohl fühlen – in der Sexualität, aber auch weit darüber hinaus. Denn erotisch, lustvoll und lebendig ist, wer sich selbst kennen- und lieben gelernt hat und zu sich steht. Die Energie, die dadurch frei wird, bekommen Sie nicht nur in Liebe und Sexualität zu spüren, sondern sie wird Ihr Leben ganz grundlegend verändern und bereichern.

Der Weg zum lustvollen Frausein, auf dem ich als Gruppenleiterin schon viele Frauen begleiten durfte und den ich Ihnen in diesem Buch anbiete, ist ganz wesentlich inspiriert durch meine Ausbildungen bei Margot Anand. Das SkyDancing Tantra, das sie lehrt, ist eine zeitgemäße Übersetzung der traditionellen fernöstlichen Liebeskunst. Es bezieht auch Elemente aus der westlichen Psycho- und Kunsttherapie mit ein und entspringt der Liebe zur Magie des Urweiblichen, das in jeder Frau lebt und das ich gemeinsam mit Ihnen wieder hervorlocken möchte. Natürlich werden wir uns auch damit beschäftigen, was uns daran hindert, unsere Lust zu leben. Im wesentlichen werden wir uns jedoch mit Rückenstärkung der Venus, in deren Tempeln schon viele Frauen in die Kunst der Liebe eingeweiht wurden, auf eine Reise zu den Quellen unserer Lust begeben. Ich wünsche Ihnen viel Freude dabei!

Yatro Cornelia Werner,
Leiterin von Kursen für
Frauen im tantrischen und
sexualtherapeutischen Bereich,
Leiterin des SkyDancing
Tantra Institute Deutschland,
Freie Künstlerin

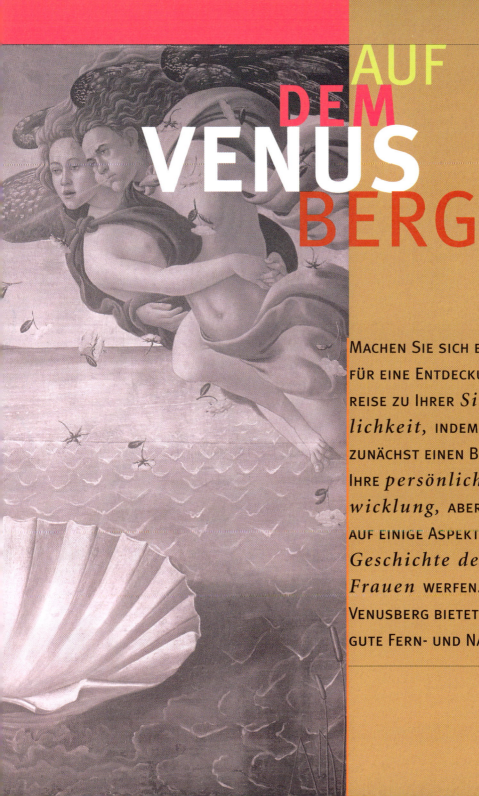

AUF DEM VENUSBERG

Machen Sie sich bereit für eine Entdeckungsreise zu Ihrer *Sinnlichkeit*, indem Sie zunächst einen Blick auf Ihre *persönliche Entwicklung*, aber auch auf einige Aspekte der *Geschichte der Frauen* werfen. Der Venusberg bietet Ihnen gute Fern- und Nahsicht.

DIE REISE BEGINNT

Vom Venusberg aus haben Sie eine gute Aussicht auf die Menschen, aber auch die gesellschaftlichen Bedingungen, die Ihr Verhältnis zu Ihrer Weiblichkeit und Sinnlichkeit geprägt haben und Sie teilweise vielleicht immer noch daran hindern, ein lustvolles Leben zu führen. Verbinden Sie sich mit der Energie der Venus, um sich Kraft für die Auseinandersetzung mit Ihrer jetzigen Situation zu holen.

DER BLICK VOM VENUSBERG

Der Venusberg ist kein realer Berg, und er hat auch nichts mit dem Venushügel zu tun. Er steht als Bild für eine innere Haltung, die es Ihnen ermöglicht, einen vorbehaltlosen Blick auf sich selbst sowie auf die Bedingungen zu werfen, unter denen Sie aufgewachsen sind und heute leben. Wie sind Sie zu der Frau geworden, die Sie jetzt sind? Welche persönlichen Erlebnisse, welche gesellschaftlichen Normen, welche Ideale und Tabus prägen Ihr sexuelles Erleben, Ihr Selbstbewußtsein als Frau? Welche Wünsche, aber auch welche Ängste steigen in Ihnen auf, wenn es um Ihre Sexualität und Sinnlichkeit geht?

In den vielen Frauengruppen, an denen ich teilgenommen und die ich geleitet habe, hat es sich als äußerst fruchtbar erwiesen, die Reise zur eigenen Weiblichkeit und Sinnlichkeit mit einer Bestandsaufnahme zu beginnen. Das ist freilich nicht immer nur angenehm. Eventuell kommen negative Gefühle, die vorher im Dunkeln schlummerten und nur untergründig wirkten, ans Tageslicht und erscheinen Ihnen mächtiger und störender als zuvor. So kann es beispielsweise passieren, daß Sie plötzlich laut und deutlich die Stimme Ihrer Mutter oder Großmutter in sich vernehmen, die Ihnen sagt, Sexualität sei etwas Schmutziges, das Sie nicht genießen dürfen. Oder Sie stellen fest, daß die Strategien, die Sie verfolgen, um von Ihrem Partner Aufmerksamkeit zu bekommen, genau dieselben sind, die Sie als Kind bereits bei Ihrem Vater – ebenfalls mehr oder minder erfolglos – angewandt haben. Oder eine andere Stimme in Ihnen sagt, daß Sie über Ihre sexuellen Wünsche auf gar keinen Fall sprechen dürfen. Was auch immer es sei, versuchen Sie nicht, es wegzuschieben. Jede Erfahrung, ob gut, ob

Die wesentlichen Muster und Prägungen der Vergangenheit zu begreifen macht es Ihnen möglich, die Vergangenheit als das zu sehen, was sie ist: sie ist vorbei. Das macht Sie frei, neue Wege zu gehen.

Wenn Sie sich ängstlich oder innerlich blockiert fühlen, halten Sie für einen Moment inne. Blicken Sie diesen Gefühlen offen ins Auge. Welche wichtigen Botschaften haben sie Ihnen mitzuteilen?

schmerzhaft, freudvoll, orgiastisch, lustlos oder sinnlich, hat dazu beigetragen, daß Sie zu der Frau wurden, die Sie sind. Wenn Sie sich heute dafür entscheiden, mehr Sinnlichkeit, Kraft und Vertrauen in Ihr Leben einzuladen, gehört dazu auch, daß Sie all diese verschiedenen Erfahrungen annehmen als Teil Ihrer selbst und Ihrer Lebendigkeit. Haben Sie den Mut, sich Ihren Ängsten, Unsicherheiten und Vorbehalten zu stellen. Denn wenn Sie das tun, haben Sie die Chance, die Kraft, die in diesen »negativen« Gefühlen gebunden ist, zu befreien und auf andere Weise – zum Beispiel für die Entfaltung Ihrer Sinnlichkeit – zu nutzen.

Und wenn Sie sich zwischendurch ganz mutlos fühlen? Eine weitere Besonderheit des Venusbergs ist es, daß in ihm die geballte weibliche Kraft aller Jahrtausende versammelt ist und Sie sich mit dieser weiblichen Energie verbinden können. Aus diesem Grund – und nicht so sehr aus historischem Interesse – begeben wir uns zunächst kurz in eine Zeit, in der die weibliche Sexualität als ursprüngliche Lebenskraft verehrt wurde und in der die Frauen das Sagen hatten.

FRAUEN ALS SCHÖPFERINNEN

Lange vor unserer Zeitrechnung gab es im Bewußtsein der Menschen zwar Mütter, aber keine Väter. Wie heute noch bei einigen wenigen Naturvölkern, wußten die Menschen damals schlicht und ergreifend einfach nicht, daß auch Männer etwas mit der Fortpflanzung zu tun haben. Der Geschlechtsverkehr wurde nicht mit Zeugung oder Empfängnis in Verbindung gebracht. Nur die Frauen schienen die Macht zu haben, Leben hervorzubringen. Kein Wunder, daß in diesen Zeiten kein männlicher Gott, sondern eine weibliche Schöpfergöttin, die »Große Göttin«, herrschte. Kein Wunder auch, daß diese Fähigkeit der

Frauen, Leben zu geben, zutiefst geachtet und bewundert wurde und der weibliche Körper in inniger Verbindung mit der göttlichen Energie gesehen wurde. Archäologische Funde aus aller Welt, seien es nun Höhlenmalereien oder Skulpturen, auf denen damals die weiblichen Geschlechtsteile dargestellt wurden, zeugen von dieser universellen Verehrung der Weiblichkeit.

Sitzendes weibliches Idol aus Mesopotamien (5. Jahrtausend vor Christus): Hier werden die Brüste als Symbol der Weiblichkeit besonders hervorgehoben.

DIE REISE BEGINNT

Wahrscheinlich waren es die Frauen, die durch Beobachtung ihrer Zyklen und Aufstellung erster Kalendarien irgendwann herausfanden, daß die sexuelle Vereinigung mit den Männern doch etwas damit zu tun hatte, ob sie schwanger wurden oder nicht. Darüber weiß man bis heute nichts Genaueres, und die Historiker sind sich uneinig. Sicher ist jedoch, daß die Fruchtbarkeit der Frauen und ihre Verbindung zur göttlichen Schöpferkraft auch in den frühen Hochkulturen, in denen dieser Zusammenhang bereits klar war, noch einen bedeutenden Stellenwert hatte. In diesen Kulturen waren es Hohepriesterinnnen, die im wesentlichen das religiöse, soziale und politische Leben regelten und sich mit geheimen Wissenschaften wie der Astrologie oder den Heilkünsten beschäftigten. Andere Frauen waren Künstlerinnen, die in ihren Kunstwerken Schönheit mit Nützlichkeit verbanden und den Reichtum des menschlichen Lebens darstellten. Der soziale Status der Frauen war insgesamt höher als der der Männer: Sie besaßen Eigentumsrechte, die Kinder wurden nach ihnen benannt, und das Erbrecht erfolgte in der weiblichen Linie. Außerdem verfügten sie über die sexuelle Selbstbestimmung, das heißt, sie konnten sich ihre Liebhaber frei wählen und lebten nicht monogam.

VENUS, GÖTTIN DER LIEBE UND DER WEIBLICHKEIT

Eine bei uns besonders bekannte Verkörperung der vollkommenen Weiblichkeit aus der frühen Zeit ist die römische Göttin Venus, den Griechen als Aphrodite bekannt, die der Legende nach aus Meerwasser und Schaum geboren und auf einer Muschelschale an Land – auf die Insel Zypern – getragen wurde. Angeblich regte diese schöne und verführerische Göttin allein durch ihre Anwesenheit alle Menschen und Tiere dazu an, sich zu lieben.

Bis heute werden viele Liebessymbole und -bräuche mit Venus in Verbindung gebracht. So werden auf Zypern Schalentiere bis heute als heilig angesehen, weil sie, wie die Venus, aus dem Meer stammen; außerdem erinnern sie an die Schamlippen einer Frau. In Entsprechung dazu wurde im Mittelalter die Rose der Venus geweiht; und die fleißigen Minnesänger meinten mit den samtigen Blättern, die sie in ihren ergreifenden Liedern besangen, nichts anderes als die rosigen Falten der Zinnoberspalte einer Frau.

Auch in unseren heutigen Werbungsritualen sind die Ursprünge des Venusischen leicht wiederzuerkennen. Wer es sich leisten kann,

Weibliches Ton-Idol aus Nudra, Kleinasien (Frühgeschichte): Bei dieser Figur wird die Vulva als Symbol der Fruchtbarkeit betont.

Zu den weiblichen Hochkulturen zählt die minoische Periode 2900 bis 1000 v. Chr. auf Kreta, Zypern und den umliegenden Inseln. Die sinnliche Freude an der Körperlichkeit war damals lebendiger Bestandteil des alltäglichen und religiösen Lebens.

genießt mit seinem Liebhaber Austern oder andere Schalentiere, die als aphrodisierend – dieser Begriff geht übrigens auf die Göttin Aphrodite zurück – gelten. Mit Hingabe widmen wir uns unserem Erscheinungsbild und rufen die Verführerin in uns wach, indem wir uns und unser Haus in süße Düfte tauchen – denn auch die anziehenden Wohlgerüche sind seit jeher ein Attribut der Venus. Ein großer Strauß roter Rosen verehrt die Venus in jeder Frau und erinnert an den Reichtum und die Schönheit, die in Liebe und Sexualität verborgen sind.

VENUS, GÖTTIN VON GEBURT UND TOD

Doch die Venus ist nicht nur die Göttin der Liebe und Schönheit, auf die sie heute vielfach reduziert wird. Verschwiegen wird ihre Verbindung zu Geburt und Tod, zum immerwährenden Kreislauf von Werden und Vergehen. Venus verkörpert nicht nur die Tag-, sondern auch die Nachtseite des Lebens, und es ist kein Zufall, daß der nach ihr benannte Planet von der Erde aus als Morgen- und als Abendstern zu sehen ist.

Venus (Aphrodite) steht nicht nur für ewig-jugendliche Schönheit, wie wir sie uns oft – und vergeblich – wünschen. Sie ist Jungfrau, Mutter und weise alte Frau und weiß, daß Gebären und Sterben zusammengehören. Sie ist sich des ewigen Wandels bewußt und lehrt uns, nicht an irgendeiner Situation oder Lebensphase festzuhalten, sondern uns diesem Wandel hinzugeben.

In den Zeiten des Venuskultes wurden die Frauen in Venustempeln in das Mysterium des Lebens und in die sexuelle Liebe eingeweiht. Anders als in unserer Kultur, in der man eher davon ausgeht, daß ein älterer und meist sexuell erfahrenerer Mann einer jüngeren Frau zeigt, wo es langgeht, waren es in dieser Zeit die Frauen, die den Männern die Kunst der Liebe nahebrachten. Zuvor allerdings wurden sie selbst von sogenannten Tempelhuren oder Tempelpriesterinnen initiiert. Bei den Liebestechniken, die in den Venustempeln gelehrt wurden, ging es nicht einfach darum, geschickt mit dem eigenen Körper umzugehen und körperliches Vergnügen zu haben, obwohl auch dies keineswegs unerwünscht war. Diese Techniken, die Körperübungen sowie meditative Praktiken umfassen, beruhten vielmehr darauf, daß sexuelle Energie als körperlicher Ausdruck spiritueller Kräfte betrachtet – und gefeiert wurde.

DIE REISE BEGINNT

STÄRKEN SIE DIE VENUS IN SICH!

Betrachten Sie die Venus als einen Aspekt Ihrer Weiblichkeit, der jederzeit in jeder Situation Ihres Lebens in Ihnen wirksam ist und den Sie stärken können, indem Sie sich bewußt mit der Liebesgöttin verbinden. Um die Venus in sich zu aktivieren, müssen Sie nicht unbedingt wie Marilyn Monroe aussehen. Sehr häufig sind es eher unscheinbar aussehende Frauen, die ihre Venus-Eigenschaften kultiviert haben und Männer mit der wie ein Magnet wirkenden Sinnlichkeit und Wärme ihrer Persönlichkeit sowie ihrer natürlichen, unbefangenen Sinnlichkeit anziehen. Jean Shinoda Bolen beschreibt diesen Effekt in ihrem Buch »Göttinnen in jeder Form« so: »Solche gewöhnlichen Lady Chatterleys scheinen immer einen Mann zu haben, während die talentierteren, objektiv gesehen schöneren Schwestern unter Umständen neben dem Telefon sitzen, vergeblich auf einen Anruf warten und sich fragen: »Was hat sie, das ich nicht habe?«

Aber keine Sorge: Diese Frauen haben nicht, was Ihnen fehlen würde. Alle Frauen und natürlich auch Sie tragen dieses Venus-Potential in sich. Es geht lediglich darum, es in sich zu entdecken – und das ist, ich möchte es an dieser Stelle noch einmal ausdrücklich betonen, gar nicht so schwer.

IHR AUSFLUG AUF DEN VENUSBERG

Um das Erbe der Venus anzutreten, müssen wir die Venus in all ihren lustvollen, erotischen, kraftvollen und urweiblichen Aspekten in uns selbst (wieder) zum Leben erwecken. Lassen Sie sich auf das Abenteuer ein, das in Ihrem Inneren auf Sie wartet, machen Sie sich jetzt auf Ihren ganz persönlichen Weg zu Ihrem Venusberg.

In diesem Kapitel werden Sie die phantastische Aussicht vom Venusberg nutzen, um in Ihre persönliche Vergangenheit, Gegenwart und Zukunft zu schauen. Sie werden Ihr heutiges Leben in Augenschein nehmen, aber auch zurückblicken in Ihre Jugend und Kindheit. Sie werden Ihrer Mutter, Ihren Freundinnen, Ihrem Vater, Ihren früheren und jetzigen Liebhabern begegnen, und Sie werden erkennen, wie sehr Ihr heutiges sexuelles Erleben von diesen Menschen beeinflußt wurde oder es noch wird.

Sie werden vielleicht erstaunt sein, wie stark manche Kindheitserfahrungen auch heute noch Ihr Leben prägen. Wenn Ihnen diese Verknüpfungen jedoch bewußt werden, steht es Ihnen frei, sich ebenso

Diese »Venus von Gauting« (am Starnberger See) stammt aus der Münchner Region und wird auf das 2. Jahrtausend datiert.

Sie können die stärkende Kraft der Göttin Venus in Ihren Alltag und Ihr Liebesleben holen, indem Sie sich bewußt mit ihren Attributen umgeben: zum Beispiel mit Muschelschalen oder aphrodisischen Düften.

DIE REISE BEGINNT

bewußt von bestimmten Teilen der Vergangenheit zu verabschieden, die Sie heute bremsen und davon abhalten, Ihre Sinnlichkeit lustvoll zu erleben. Erst dann können Sie sich wirklich auf die Gegenwart einlassen und entdecken, welche Wünsche und Bedürfnisse in bezug auf Liebe und Sexualität in Ihnen schlummern.

Auf eines möchte ich an dieser Stelle allerdings auch hinweisen: Sollten Sie traumatische Erfahrungen wie die des sexuellen Mißbrauchs in Ihrer Kindheit oder Jugend gemacht haben oder unter schwerwiegenden sexuellen Problemen leiden, kann dieses Buch allein Ihnen sicherlich nicht helfen. Ich werde Ihnen zwar auch Methoden und Übungen vorstellen, die im therapeutischen Bereich benutzt werden, dieses Buch erhebt jedoch keinen therapeutischen Anspruch. Auch wenn Sie bei der Beschäftigung mit der einen oder anderen Übung oder Technik feststellen, daß Sie einfach nicht weiterkommen und sich hilflos fühlen, sollten Sie nicht davor zurückschrecken, sich psychotherapeutische, eventuell spezifisch sexualtherapeutische Unterstützung von einer Fachfrau zu holen.

BEOBACHTEN, WAS GESCHIEHT

Bevor Sie sich Ihrer persönlichen Lebensgeschichte zuwenden, noch ein kleines Experiment, das Ihnen veranschaulichen soll, wie Erfahrungen und Erlebnisse aus der Vergangenheit die gegenwärtige Wahrnehmung prägen.

Schauen Sie für einen Moment von diesen Seiten auf. Sie nehmen einen anderen Menschen wahr, oder Ihr Blick fällt auf ein Objekt. Beobachten Sie einmal genau, was geschieht. Wahrscheinlich können Sie eine ganze Reihe von zuordnenden und bewertenden Gedanken wahrnehmen, die nicht unbedingt etwas mit dem zu tun haben, was Sie gerade sehen. Wenn Sie noch ein wenig genauer beobachten, werden Sie auch Erinnerungen, Gefühle und sogar körperliche Reaktionen registrieren, die wieder nichts oder wenig mit der aktuellen Situation zu tun haben.

All dieses Wahrnehmen und Bewerten geschieht in Bruchteilen von Sekunden und läßt uns entsprechend denken, fühlen und handeln. In zwischenmenschlichen Beziehungen und gerade auch in Liebesbeziehungen kann diese Neigung, das Verhalten des anderen auf dem Hintergrund unserer Erfahrungen vorschnell zu interpretieren, zuweilen fatale Folgen haben.

In permanenter Abfolge werden vergangene Eindrücke mit Sehnsüchten und Ängsten verknüpft, welche die Zukunft betreffen. Daraus ergibt sich ein scheinbar aktuelles Verhalten, doch in der Regel stellt es eine Wiederholung der Vergangenheit dar.

> Träume sind wichtige Wegweiser und Überbringer seelischer Botschaften. Achten Sie daher ganz besonders darauf, was Sie träumen, während Sie mit diesem Buch arbeiten.

Ein Beispiel: Da bringt Ihnen Ihr Liebster zum Beispiel ganz unerwartet Rosen mit, einfach deshalb, weil er im Radio ein schönes Liebeslied gehört hat, das ihn an Ihre erste Verliebtheitsphase erinnert hat. Sie nehmen die Rosen in Empfang, finden Sie wunderschön, freuen sich einen Moment lang – doch dann fragen Sie sich: »Warum tut er das? Bestimmt bringt er mir jetzt diese Rosen mit, weil aus dem schon lange geplanten Ausflug am nächsten Wochenende wieder nichts wird.« Auf diese Tour hat Ihr Vater bei Ihrer Mutter immer wieder für »gut Wetter« gesorgt, wenn er keine Zeit für sie hatte, dieses Spiel kennen Sie schon. »Na warte«, denken Sie sich, stellen die Rosen eher lieblos zu Seite, ohne ihn zum Dank zu umarmen, und erzählen ihm von der Reise, zu der Ihre Freundin Gisela gerade von ihrem neuen Liebhaber eingeladen worden ist. Dabei loben Sie die Großzügigkeit von Giselas Freund über den grünen Klee, so daß Ihr Liebster sich geradezu schäbig vorkommen muß. Der versteht gar nicht, was ihm da eigentlich gerade geschieht, ist aber natürlich bitter enttäuscht, weil er sich auf einen romantischen Abend gefreut hatte – und im übrigen gar nicht daran denkt, das Wochenende mit Ihnen fallenzulassen. Noch nicht zumindest, denn wenn die Kette der Mißverständnisse und Unterstellungen sich fortsetzt, kann es gut sein, daß ihm die Lust vergeht. Und das alles nur deshalb, weil Sie die Rosen nicht einfach als Geschenk annehmen konnten, sondern eine Geschichte darum herum gebaut haben, die nichts mit der aktuellen Situation zu tun hatte.

EIN VENUSTAGEBUCH ANLEGEN

Legen Sie ein Venustagebuch an. Erlauben Sie sich, darin Ihre Notizen spontan, bunt und ehrlich festzuhalten. Schreiben Sie alles, was Sie – vielleicht Neues – in sich entdecken, während Sie mit diesem Buch arbeiten, in das Venustagebuch: Träume, Gedankenfetzen, wichtige Gespräche mit anderen Frauen, Ihre Körperwahrnehmungen, Ihr seelisches Befinden. Malen Sie Bilder, entwickeln Sie Symbole für einzelne Erkenntnisse ... Jede Ihrer Ideen ist wertvoll, mag sie auch noch so verrückt erscheinen, frau kann nie wissen, wie Venus mit Ihnen Kontakt aufnehmen möchte.
Oft noch Jahre später entpuppen sich so entstandene Erfahrungsbücher zu einer sprudelnden, erfrischenden Quelle der Einsicht.

DIE REISE BEGINNT

URTEILSFREI WAHRNEHMEN

Im ersten Teil unserer Reise in die Gefilde der Venus möchte ich Sie dazu einladen, nachzuspüren und zu verstehen, wie Ihre persönlichen Erfahrungen, die Sie im Lauf vieler Beziehungen gesammelt haben, in subtilster Weise Ihre Persönlichkeitsstruktur und Ihre Erwartungshaltung geprägt haben – an unserem Beispiel also: wie es dazu kommt, daß Sie sich nicht einfach über die Rosen freuen können, sondern sie damit in Verbindung bringen, daß Ihr Freund ein Versprechen nicht einhalten könnte. Solche Muster besser zu verstehen, darum wird es auf den nächsten Seiten gehen. Sie lenken den Blick auf Ihre Beziehungen zu Frauen – Ihrer Mutter und Ihren Freundinnen – und ebenso auf Ihr Verhältnis zu Männern, das zum Vater wie zu Ihren Liebespartnern. Indem Sie die Zusammenhänge zwischen vergangenen Beziehungen und aktuellem Liebesleben erkennen und akzeptieren, erschließen Sie sich immense Energiepotentiale, die Sie nutzen können, um lustvoll und sinnlich Ihr Frausein zu erkunden und zu leben

Während der Reise, die wir in diesem Buch gemeinsam unternehmen, werde ich Sie immer wieder auffordern, urteilsfrei wahrzunehmen, was im aktuellen Moment geschieht, und es zu trennen von den Gedanken und Gefühlen, die aus der Vergangenheit kommen. Das mag Ihnen am Anfang vielleicht manchmal lästig sein, aber nach einer Weile werden Sie diesen Zugang zur unmittelbaren Gegenwart sehr zu schätzen wissen. Denn die urteilsfreie Wahrnehmung ist einer der wichtigsten Schlüssel zur Magie des Augenblicks, die der Liebe und der Lust eine besondere Intensität verleihen kann.

INTUITION UND KÖRPERWISSEN

Vertrauen Sie bei der Reise, auf die Sie sich jetzt begeben, auf Ihre Intuition und auf die Weisheit Ihres Körpers. Lernen Sie, auf Ihre innere Stimme zu hören, Ihre inneren Bilder und Empfindungen zu entschlüsseln. Dazu brauchen Sie Übung und vor allem auch Geduld mit sich selbst.

Um Rechnen und Schreiben zu lernen, haben Sie schließlich auch eine ganze Weile gebraucht. Geben Sie sich Zeit, und setzen Sie sich nicht unter Leistungsdruck, wenn es darum geht, Ihre Sinnlichkeit und Weiblichkeit zu entdecken. Hier sind vielmehr Ihre Hingabe- und Entspannungsfähigkeit gefragt.

Genießen Sie Ihre Reise in das sinnliche Land der Venus. Lassen Sie sich soviel Zeit, wie Sie brauchen, und seien Sie liebevoll und geduldig mit sich selbst.

IM REICH DER FRAUEN

IHR SELBSTBEWUSSTSEIN ALS FRAU IST UNTRENNBAR DAMIT VERBUNDEN, WIE IHR VERHÄLTNIS ZU ANDEREN FRAUEN IST. MÜTTER, GROSSMÜTTER, FREUNDINNEN, SCHWESTERN – EGAL, OB SIE UNS ALS VORBILDER DIENEN ODER OB WIR IM GEGENTEIL GANZ ANDERS SEIN WOLLEN – HABEN EINEN GROSSEN EINFLUSS DARAUF, WIE WIR UNS SELBST SEHEN, WIE WIR GESEHEN WERDEN WOLLEN UND WIE WIR ZU UNSERER LUST STEHEN.

MUTTER – DIE ERSTE FRAU IN IHREM LEBEN

Sofern nichts Außergewöhnliches passiert, ist unsere Mutter die erste Person, durch die wir als Babys in Kontakt mit der Umwelt treten. Sie gebärt uns nicht nur, sondern sie weist uns sozusagen in das Leben ein, und es ist nicht weiter verwunderlich, daß sich vieles von der Art, wie die Mutter sich fühlt und verhält, nachhaltig auf uns überträgt.

War Ihre Mutter eher ängstlich und vorsichtig, und hat sie Ihnen beigebracht, daß die Welt voller Bedrohungen und Gefahren ist, so werden Sie diese Grundhaltung dem Leben gegenüber mehr oder weniger stark wahrscheinlich noch heute in sich wiederfinden. (Eventuell auch in der Form, daß Sie zu jemandem geworden sind, der von sich sagt: »Angst? Kenne ich nicht.« Denn manchmal kehren wir solche Haltungen auch einfach um.) Hatten Sie dagegen eine neugierige, selbstbewußte Mutter, die Ihnen Mut machte, Neues zu entdecken, wird es Ihnen wahrscheinlich auch heute noch leichter fallen, die vertrauten Bahnen zu verlassen und einmal etwas anderes zu wagen.

Dies trifft zunächst einmal auf Jungen wie auf Mädchen zu. Auch auf einen kleinen Jungen überträgt sich beispielsweise die Ängstlichkeit seiner Mutter. Doch bei ihm kommt der Moment, in dem er die Geschlechter zu unterscheiden beginnt und ihm klar wird, daß er niemals werden wird wie seine Mutter. Als kleiner Mann identifiziert er sich mit seinem Vater oder anderen Männern. Das Frauenbild, das seine Mutter ihm vorlebt, trägt er freilich weiter in seine Beziehungen zu anderen Frauen. So oder vielleicht auch gerade nicht so will er seine spätere Partnerin haben.

»Nicht alle Frauen werden Mütter, aber alle sind Töchter, und Töchter haben Mütter.«

(Signe Hammer)

IM REICH DER FRAUEN

Auf ein Mädchen allerdings hat die Art, wie die Mutter ihr Frausein lebt, einen sehr viel tiefgreifenderen Einfluß. Die Mutter zeigt ihm, wie es selbst vielleicht einmal werden wird. Sie ist für das kleine Mädchen das erste und entscheidende Vorbild. Wie sie sich verhält und wie andere sich ihr gegenüber verhalten, prägt sich tiefer ein, als dies den meisten Frauen bewußt ist.

Haben Sie ein gutes Verhältnis zu Ihrer Mutter? Gibt es viele Ähnlichkeiten zwischen Ihnen oder sind Sie ganz unterschiedlich? Die amerikanische Schriftstellerin Nancy Friday schreibt in ihrem beeindruckenden Buch »Wie meine Mutter«: »Wie viele Frauen haben (...) wiederholt zu mir gesagt: ›Nein, ich kann mir keinen wichtigen Wesenszug vorstellen, den ich von meiner Mutter geerbt hätte. Wir sind vollkommen verschiedene Frauen‹«. Dies werde gewöhnlich mit einer triumphierenden Miene geäußert – so als ob die Sprecherin die enorme Versuchung, ihrer Mutter nachzueifern, zwar anerkenne, aber glaube, ihr widerstanden zu haben. Doch, so fand Nancy Friday in unzähligen Gesprächen mit Frauen heraus, auch wenn unser Leben äußerlich betrachtet ganz anders aussehen mag als das unse-

Den subtilen Andeutungen der Mutter verdankt die Tochter ihre Kenntnis darüber, was die Umwelt von ihr erwartet und welche Aufgaben sie als Frau, als Sexualpartnerin zu erfüllen hat.

Kein Mensch prägt uns so sehr wie unsere Mutter – ob uns das gefällt oder nicht.

rer Mutter, übersehen wir oft »die grundlegendere Wahrheit, daß wir ihre Ängste, Befürchtungen und Verärgerungen übernommen haben (...)«. Und dies trifft in ganz besonderem Maß auf unser Sexualleben, auf unser Verhältnis zu unserer Weiblichkeit und Sinnlichkeit sowie auf unsere (Liebes-)Beziehungen zu.

Hat Ihre Mutter mit Ihnen über Sexualität gesprochen? Hat Sie sie überhaupt aufgeklärt, und wenn ja, auf welche Weise? Der Großteil dessen, was Mädchen von ihren Müttern über das Frausein lernen, wird allerdings nicht über direkte Gespräche, sondern nonverbal weitergegeben. Was Ihre Mutter Ihnen vorlebt und wie Sie das Verhältnis zwischen Ihren Eltern erleben, ist sehr viel entscheidender als das, was geredet wird.

Ihre Selbsteinschätzung als Frau und als sexuelles Wesen hängt sehr eng damit zusammen, wie Ihre Mutter ihre Sexualität gelebt hat und wie sie mit ihrer Menstruation und mit der Schwangerschaft umgegangen ist. Es gibt unzählige Untersuchungen darüber, daß Mädchen, deren Mütter Menstruationsbeschwerden haben, sie mit relativ hoher Wahrscheinlichkeit ebenfalls bekommen werden. Dabei spielen sicherlich auch erbliche, konstitutionelle Faktoren eine Rolle. Mindestens genauso wichtig ist jedoch, daß diese Mädchen etwas wiederholen, was ihnen jahrelang vorgelebt worden ist. Menstruation und Schmerz gehören für sie einfach untrennbar zusammen, und es bedarf oft eines längeren therapeutischen Prozesses, um diese Verknüpfung zu lösen.

In ähnlicher Weise gilt dies für das gesamte Sexualleben. Wenn Ihre Mutter Ihnen – sei es verbal oder nonverbal – vermittelt hat, daß Sexualität etwas ist, das von den Männern bestimmt wird und daß Frauen »es« sowieso oft nur denen zuliebe tun, werden Sie nicht umhinkönnen, sich mit dieser Haltung auseinanderzusetzen, um zu Ihrer Lust zu finden. Aber auch wenn sie Ihnen beigebracht hat, daß Sie als Frau Macht über Männer ausüben können, indem Sie sie verführen, indem Sie Ihre erotischen Reize einsetzen, sollten Sie sich fragen, ob das die Art ist, wie Sie heute Ihre Sexualität leben wollen.

Es geht hier nicht um Bewertung und auch nicht darum, daß Sie Ihre Mutter oder sich selbst schlechtmachen. Ihre Mutter war, wie sie war, oder ist, wie sie ist, und Sie haben bestimmte Haltungen von ihr übernommen, weil Sie gar nicht anders konnten. Jetzt allerdings sind Sie als erwachsene Frau an einem Punkt angelangt, an dem Sie neu entscheiden können, was Sie wollen. Indem Sie sich mit Ihrer Mutter auseinandersetzen, können Sie sich bewußt dafür entscheiden, bestimmte einschränkende Haltungen abzulegen, die Sie daran hindern, Ihre Weiblichkeit lustvoll zu leben.

Vielleicht hilft es Ihnen, über den einen oder anderen Punkt mit Ihrer Mutter zu sprechen. Ein solches offenes Gespräch zwischen Mutter und Tochter als zwei erwachsener Frauen kann sehr heilsam für beide sein. Sollte dies nicht möglich sein oder sollten Sie es auch gar nicht wollen, können Sie sich aber auch allein oder mit Unterstützung von Freundinnen oder einer Therapeutin mit Ihrem Verhältnis zu Ihrer Mutter auseinandersetzen. Ziel einer solchen Auseinandersetzung ist es einerseits, mehr Verständnis für Ihre Mutter und deren Situation zu bekommen, vor allem aber, sich frei zu machen von Ängsten, Haltungen und Glaubenssätzen, die Sie heute einschränken. Die folgende Übung kann Ihnen dabei helfen, sich dem Thema zu nähern.

Für jede Frau entwickelt sich das Bewußtsein ihrer sexuellen Identität in der Beziehung zur Mutter. Es ist daher ratsam und kann sehr aufschlußreich sein, das Verhältnis zur Mutter und dessen Auswirkungen auf das eigene Frausein genauer zu beleuchten.

DAS MUTTER-TOCHTER-VERHÄLTNIS

Finden Sie etwa eine halbe Stunde Zeit, in der Sie ungestört sind, um Ihr Verhältnis zu Ihrer Mutter etwas genauer zu beleuchten. Legen Sie ein Blatt Papier oder Ihr Tagebuch und einen Stift bereit. Schließen Sie für einen Moment die Augen, und lenken Sie Ihre Aufmerksamkeit auf Ihren Atem. Nehmen Sie den Strom der Ein- und Ausatmung wahr und lassen sich davon sicher immer weiter nach innen tragen. Lesen und beantworten Sie dann Frage für Frage, und beginnen Sie, ohne lange nachzudenken, die Antworten aufzuschreiben, die aus Ihrem Inneren aufsteigen.

- Wie haben Sie Ihre Mutter als Frau wahrgenommen, als Sie noch ein Kind waren?
- Wie äußert sich das jetzt in Ihrer Beziehung zu Männern/Frauen?
- Was hat Ihnen an Ihrer Mutter als Frau gefallen?
- Wie äußert sich das jetzt in Ihrer Beziehung zu Männern/Frauen?
- Was hat Ihnen Ihre Mutter in bezug auf Ihr Frausein und -werden nicht an Unterstützung gegeben?
- Wie äußert sich das jetzt in Ihrer Beziehung zu Männern/Frauen?

FREUNDINNEN – VERBUNDENHEIT UND KONKURRENZ

Erinnern Sie sich noch an die Zeit, als die meisten Jungs doof und Ihre beste Freundin die wichtigste Person in Ihrem Leben war? Die meisten Freundschaften zwischen Mädchen werden brüchig oder gehen gar zu Ende, wenn das Interesse am anderen Geschlecht in den Vordergrund tritt. Und häufig sehen wir ab diesem Zeitpunkt in anderen Frauen vor allem die Rivalinnen. Wir fürchten uns vor Konkurrenz oder Auseinandersetzung, die unsere Ehe, unsere Liebesbeziehung oder unsere beruflichen Erfolge gefährden könnten.

DER ERSTE BRUCH

Auf sehr einschneidende Weise erlebte ich den ersten Bruch mit meinen Freundinnen, als ich etwa zwölf Jahre alt war. Damals geschah etwas, das mir deutlich machte, daß meine Kindheit und die enge Verbundenheit mit den anderen Mädchen nun vorüber war: Auf meinen selbstgebauten Stelzen kam ich stolz um die Hausecke und sah meine beiden besten Freundinnen. Freudig rief ich ihnen etwas zu und wunderte mich, daß sie überhaupt nicht reagierten – bis mir schlagartig klar wurde, warum nicht. Sie standen da mit zwei Jungen und ignorierten mich schlichtweg. Wahrscheinlich war ich ihnen peinlich mit meinem Kinderspielzeug. Noch heute kann ich den Schock in mir spüren, den diese Abfuhr in mir auslöste. Die Stelzen packte ich wie in Zeitlupe weg mit dem einschneidenden Gefühl: »Die Kindheit ist zu Ende.« Eine neue Ära, die des Konkurrierens mit den Freundinnen, hatte begonnen.

WIE SICH KONKURRENZ ENTWICKELT

Wann entsteht die Konkurrenz zwischen Mädchen? Im Vorschulalter untersuchen Mädchen einander in den berühmten Doktorspielen – eine kindlich-sexuelle Anziehung schwingt in ihren Freundschaften mit, wie dies bei Jungen im übrigen ebenso der Fall ist. Als eine Art Überbrückung wird die latente erotische Komponente unter Freundinnen von seiten der Eltern und der Gesellschaft stillschweigend akzeptiert. In dieser Zeit gibt es zwar auch Streit und Eifersüchteleien zwischen Mädchen. Wesentlich ist aber, daß sie sich sehr nahe kommen und erleben, wie ähnlich sie sich sind. Sie vertrauen einander Wün-

---

Betrachten Sie einmal eingehend Ihre aktuellen Beziehungen zu Frauen – zu Ihren Freundinnen, Kolleginnen und Verwandten. Sind sie von Konkurrenz und Mißgunst geprägt? Oder herrschen Solidarität und ein liebevoller Umgang miteinander vor?

sche und Sehnsüchte an, die sie sonst niemandem mitteilen würden. Das hält so lange an, bis sie alt genug sind, eine Beziehung zu einem männlichen Wesen einzugehen. Jetzt passiert der entscheidende Umschwung, denn plötzlich überträgt das Mädchen all seine Gefühle auf das andere Geschlecht. Das Glück scheint nicht mehr in Freundschaften zu anderen Mädchen zu liegen, sondern einzig und allein darin, daß der auserwählte Herzbube einen erhört. Der allerdings schaut sich natürlich auch andere Mädchen an, flirtet gar mit ihnen. Und jetzt geht es plötzlich darum, sich von den Freundinnen, denen man sich noch kurz zuvor so verbunden fühlte, zu unterscheiden. Ähnlichkeit ist nicht mehr erwünscht – ab sofort geht es um die Unterscheidung. Damit der Herzbube einen sieht, muß man anders, besser sein als die anderen Mädchen. Im Ringen um die möglichst exklusive Aufmerksamkeit des Mannes entsteht die weibliche Konkurrenz.

Konkurrenz und Angst vor Auseinandersetzungen prägen häufig die Beziehungen zwischen Frauen. Eine Ursache dafür sind unsere Erlebnisse in Kindheit und Pubertät.

MUTTER, VATER UND KONKURRENZ

Konkurrenz ist nichts grundsätzliches Schlechtes. Für ein Mädchen ist sie vielmehr ein notwendiger Aspekt in der Entwicklung seines Selbstwertgefühls als erotische Frau. Das pubertierende Mädchen beobachtet, worin es der Mutter gleicht und worin es sich von ihr unterscheidet, um seine eigene Identität zu entwickeln. Auf der Schwelle zur jungen Frau testet jede Tochter ihre erotische Wirkung auf den Vater und lotet ihre Verführungskräfte in der Konkurrenz zur Mutter am Vater aus. Eine selbstbewußte Mutter wird einer Tochter ihre Grenzen aufzeigen und ihr gleichzeitig die Botschaft geben: »Probier dich ruhig aus, sei anders als ich, finde heraus, wer du bist.« Das Signal, das sie jetzt von ihrem Vater braucht, um Vertrauen in ihr erotisches Frausein zu gewinnen, ist: »Ja, du bist eine anziehende, erotische Frau. Ich bin nicht dein Mann, aber ich wünsche dir einen Mann, der diese Qualitäten in dir zu schätzen weiß.«

PERSPEKTIVEN FÜR FRAUENFREUNDSCHAFTEN

Wie gesagt, Konkurrenz ist nichts Schlechtes. Wenn Frauen jedoch in der Konkurrenzphase steckenbleiben, wenn sie den Erfolg oder das Glück ihrer Freundinnen schwer ertragen können und versuchen, einander entweder durch Gleichmachen niederzuhalten oder sich gegenseitig zu übertreffen, werden sie langfristig keine gemeinsame Perspektive finden. Eine tragfähige Freundschaft zwischen Frauen gründet auf Vertrautheit, Unterstützung und Solidarität. Freundschaft bedeutet aber im günstigsten Fall ebenso, Auseinandersetzungen zu wagen und sich auch mal gegenseitig den Kopf zu waschen.

Einerseits ist es für Frauen wichtig, sich untereinander auszutauschen, von- und miteinander zu lernen, sich Rückendeckung zu geben und gegenseitig beizustehen. Andererseits ist es aber auch notwendig, sich abzugrenzen, um selbstbestimmt und unabhängig zu werden.

Mit Ehrlichkeit und echter Solidarität werden Sie sich in Ihren Frauenfreundschaften gegenseitig besser unterstützen können, als das mit den viele kleinen Notlügen und – meist verborgener – Konkurrenz möglich ist. Wenn Gefühle wie Neid oder Mißgunst auftauchen: Sprechen Sie mit Ihren Freundinnen darüber. Eine Freundschaft lebt auch davon, daß solche Gefühle auf den Tisch kommen.

Die Hilfe von Freundinnen, wenn es uns schlecht geht, ist unschätzbar und wichtig – wie aber stehen wir den Erfolgen und dem Glück anderer Frauen gegenüber? Beantworten Sie diese Frage für sich.

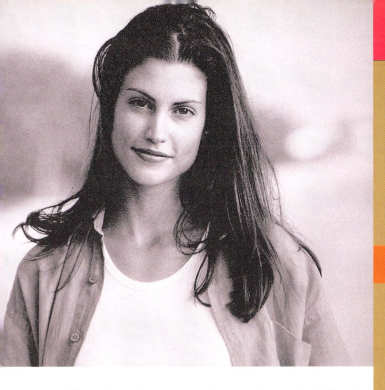

Die Erfahrung in meinen Kursen mit Frauen hat gezeigt, daß es als erleichternd empfunden wird und einen enormen Kraftzuwachs für das Selbstwertgefühl bedeutet, andere Frauen in ihrem vollen sexuellen und kreativen Potential zu erleben. Wenn andere Frauen selbstbewußt zu ihrer individuellen Weiblichkeit stehen können, dann können Sie das auch – und dies im doppelten Wortsinn von »können«: Sie haben die Fähigkeit und das Recht dazu. Respekt für andere Frauen schafft die Basis dafür, sich selbst zu respektieren und den Mut zu finden, seinen ganz eigenen Weg als Frau zu gehen. Erwarten Sie nicht, Ihr Selbstbewußtsein als Frau im Kontakt mit Männern zu finden: Die Achtung und Würdigung des Weiblichen wird im Kreis der Frauen geboren.

Es ist wichtig, mit anderen Frauen gemeinsam die eigene Weiblichkeit zu erforschen. Das stärkt das eigene Selbstbewußtsein und fördert gleichzeitig den Respekt den anderen Frauen gegenüber.

FRAUENFREUNDSCHAFT

Reflektieren Sie über die folgenden Fragen:
1) Wie steht es mit meinen Freundschaften zu Frauen?
2) Welche Tabus gibt es?
3) Was ist mir heilig in diesen Freundschaften?
4) Gibt es etwas, das ich verändern möchte im Kontakt zu Frauen?
5) Kann und will ich darüber mit meinen Freundinnen sprechen?

IM REICH DER MÄNNER

NICHT NUR ANDERE FRAUEN, SONDERN AUCH MÄNNER PRÄGEN UNSER SELBSTBILD ALS FRAU, UNTER ANDEREM UNSERE VÄTER. WAS FÜR EINE TOCHTER WAREN SIE FÜR IHREN VATER, UND WIE ZEIGT SICH DAS NOCH HEUTE IN IHREN MÄNNERBEZIEHUNGEN? UND VOR ALLEM: WIE KÖNNEN SIE HEUTE ALS ERWACHSENE FRAU NEUE WEGE EINSCHLAGEN?

VÄTER UND TÖCHTER

Nun hat Ihr Selbstbewußtsein als Frau natürlich nicht nur mit anderen Frauen, sondern auch mit Männern zu tun. Wenn Sie noch mehr darüber und vor allem auch über die Art und Weise, wie Sie Ihre Beziehungen zu Männern gestalten, herausfinden wollen, ist ein Blick auf den Vater unumgänglich. Können Sie sich noch daran erinnern, wie wichtig es Ihnen als kleines Mädchen war, von Ihrem Vater beachtet zu werden? Und wissen Sie vielleicht auch noch, was Sie alles angestellt haben, um ihn von der Tageszeitung, dem Fernseher oder irgendeiner anderen Beschäftigung wegzulocken?

Schauen Sie einmal zurück in die Zeit Ihrer Kindheit, und betrachten Sie das kleine Mädchen, das Sie damals waren. Wahrscheinlich gibt es auch in Ihrer Geschichte mehr als eine Situation, in der Sie alles darangesetzt haben, die Aufmerksamkeit Ihres Vaters auf sich zu ziehen, doch der war mit »wichtigeren« Dingen beschäftigt.

Heute können Sie es sich wahrscheinlich viel eher leisten, Ihren Vater ohne die rosarote Brille zu betrachten – denn genau das tun kleine Mädchen: Mit all ihrer Kraft lieben sie den Vater und hoffen auf seine Liebe. Und sie entwickeln verschiedenste Strategien, um die Aufmerksamkeit ihres Vaters – ihres ersten Mannes – zu erregen.

Diese Strategien behalten die meisten Frauen auch als Erwachsene in etwas abgewandelter Form bei, wenn es darum geht, die Aufmerksamkeit ihres Partners zu bekommen. Es lohnt sich deshalb, einen Blick auf ein paar Grundstrategien zu werfen.

TÖCHTERTYPEN

In ihrem Buch »Vatermänner« unterscheidet die Psychologin Julia Onken im wesentlichen drei Töchtertypen und deren spezifisches Verhalten in Liebe und Partnerschaft. Diese Typen sind: die Gefalltoch-

Oft geben wir uns selbst die Schuld am Fehlverhalten der Eltern und ganz besonders des Vaters. Betrachten Sie statt dessen das kleine Mädchen, das Sie einmal waren, in der Rückschau mit liebevollen, mitfühlenden Augen!

IM REICH DER MÄNNER

Rufen Sie sich Erlebnisse aus Ihrer Kindheit ins Gedächtnis, die Sie mit Ihrem Vater hatten. Wie ging er mit Ihnen um? War er liebevoll und aufmerksam? Oder war er desinteressiert und abwesend? Wie haben Sie damals versucht, seine Aufmerksamkeit zu erregen?

ter, die Leistungstochter und die Trotztochter.

Während die Gefalltochter die Aufmerksamkeit und Zuneigung des Vaters dadurch zu erheischen sucht, daß sie ihm äußerlich gefällt, setzt die Leistungstochter alles daran, durch unermüdlichen Einsatz auf einem Gebiet zu beeindrucken, von dem sie annimmt, daß es den Vater interessiert. Die Trotztochter schließlich versucht, den Vater über ihren Widerstand zu erreichen: indem sie anderer Meinung ist, erkämpft sie sich sein Interesse und seine Zuwendung.

Aus dem innigen Wunsch des kleinen Mädchens, vom Vater gesehen und anerkannt zu werden, ergibt sich für die Gefalltochter die Schlußfolgerung: »Ich gefalle, also bin ich.« Die Leistungstochter meint: »Ich bin leistungsfähig und erfolgreich, also bin ich.« Die Trotztochter kommt zu dem Schluß: »Ich spüre Widerstand, also bin ich.«

Welcher Tochtertyp waren Sie?

Können Sie sich in einem dieser Töchtertypen wiedererkennen? Natürlich sind auch Mischformen möglich. Ein ehrlicher Blick auf die von Ihnen gewählte Tochterrolle kann dazu beitragen, unbewußtes Verhalten bei der Partnerwahl und in der Partnerschaft aufzudecken und es nicht länger fortzusetzen. Heute, als erwachsene Frau, haben Sie die Möglichkeit, das Verhältnis zu Ihrem Vater klar und nüchtern zu betrachten. Den Vater, seine Zeit und die Umstände zu verstehen, ist eine Seite der Vaterforschung. Die andere Seite ist jedoch noch viel wichtiger – Ihre Seite. Das bedeutet, die eigene Rolle als Kindtochter zu erkennen und sich von ihr zu verabschieden.

Nehmen wir einmal an, Sie finden heraus, daß Ihr Vater nie Zeit für Sie hatte und Sie sich – leider erfolglos – unglaublich darum bemüht haben, eine gute Pianistin zu werden, weil Sie glaubten, ihn damit gewinnen zu können. Sich so etwas klar zu machen ist zwar interessant und wichtig, wenn Sie das Verhältnis zu Ihrem Vater aufarbeiten möchten, aber es ist und bleibt unveränderbare Geschichte. Anders sieht es jedoch mit Ihrer jetzigen Partnerbeziehung aus: Wenn Ihnen im Zusammenhang mit Ihrer Vaterforschung klar wird, daß Sie sich in Ihrer Beziehung nie entspannen können, weil Sie immer das Gefühl haben, etwas leisten zu müssen, um geliebt zu werden und Aufmerksamkeit zu bekommen, haben Sie die Möglichkeit, etwas daran zu ändern. Vielleicht wird Ihnen dann klar, daß Sie sich mal wieder einen Mann ausgesucht haben, der – genau wie Ihr Vater – sowieso nie Zeit

---

»Töchter verlegen den Konflikt mit dem Vater in die eigene Seele, streiten mit sich und ihrem Ungenügen – statt mit ihrer Vergangenheit und ihm. ›Es genügt nie, ich genüge nie‹ bleibt Anfang und Ende ihrer Überlegungen.«

(Sigrid Steinbrecher, Die Vaterfalle)

IM REICH DER MÄNNER

INTUITIVE VATERFORSCHUNG

Nehmen Sie Ihr Venus-Tagebuch zur Hand, lassen Sie die Antworten auf die folgenden Fragen wie von selbst in sich aufsteigen, und schreiben Sie alles auf, was Ihnen spontan dazu einfällt.
- Wie haben Sie versucht, die Aufmerksamkeit Ihres Vaters auf sich zu lenken?
- Ist Ihnen das gelungen?
- Welche Enttäuschungen haben Sie mit Ihrem Vater erlebt?
- Wie sind Sie damit umgegangen?
- Wie würden Sie Ihr Verhältnis zu Ihrem Vater als Kindtochter beschreiben?
- Wie würden Sie Ihr Verhältnis zu Ihrem Vater als Frautochter beschreiben?
- Gibt es etwas, das Sie Ihrem Vater gern sagen möchten?

für Sie hat und sie sich auch nicht nehmen wird, egal wie sehr Sie sich anstrengen. Vielleicht stellen Sie aber auch fest, daß Ihr Partner Sie gar nicht wegen Ihres beruflichen Erfolges und Ihres perfekten Haushaltes liebt und daß ein bißchen weniger Anstrengung nicht nur Ihnen, sondern auch der Beziehung guttäte.

Finden Sie heraus, welche alten Strategien aus der Vater-Tochter-Beziehung Sie heute daran hindern, Ihrem Partner gegenüber selbstbewußt aufzutreten. Verabschieden Sie die väterliche Autorität aus Ihrer Kindheit und besinnen Sie sich auf sich selbst. Nur so bekommen Sie die Unabhängigkeit und emotionale Stärke, die Sie brauchen, um Partnerschaften einzugehen, die nicht mehr dem Muster der Kindheit folgen. Betreiben Sie also Vaterforschung, um sich darüber klar zu werden, wie Ihre Tochterrolle Ihre heutigen Partnerschaften beeinflußt. Vertrauen Sie dabei auf Ihre Erinnerungen und Ihr intuitives Wissen. Am deutlichsten können Sie Nachrichten aus der kindlichen Vergangenheit, entschlüsseln, indem Sie körperlichen Empfindungen nachspüren. Auch Bilder oder Gedanken, die sich schon beim Lesen der obigen Fragen einstellen, geben Ihnen Aufschluß darüber. Lassen Sie diese deutlicher werden und machen sich Notizen dazu. Achten Sie auch auf Ihre Träume in den kommenden Tagen.

Vielleicht möchten Sie einen Abschiedsbrief an Ihren Vater verfassen.

Das Verhältnis zum Vater zu untersuchen ist eine lohnende Angelegenheit, denn es bringt auch Licht in Ihre aktuellen Beziehungen zu Männern.

Riesiger Marmor-Phallus mit einem phallusköpfigen Hahn auf einem Sockel aus dem alten Griechenland. Solche Erinnerungsmonumente durften diejenigen errichten lassen, die die kostspieligen Dionysos-Feste auf Delos ausrichteten (3./4. Jahrhundert vor Christus).

Schreiben Sie diesen Brief unabhängig davon, ob Sie ihn dann wirklich abschicken – Sie schreiben ihn vor allem an die innere Instanz in Ihnen, die Ihnen auch heute noch einzureden versucht, Sie seien klein und abhängig.

MÄNNER, MACHT UND SEXUALITÄT

Lange, lange sind sie vorbei, die glücklichen Zeiten der Venus, in denen Frauen Männer in die Kunst der Liebe und der Sexualität einweihten. Sie erinnern sich an die Venustempel? Heute mag es zwar in manchen Kreisen noch üblich sein, daß junge Männer ihre ersten sexuellen Erfahrungen mit erfahrenen Prostituierten sammeln, doch mit Respekt der Weiblichkeit und dem Mysterium des Lebens gegenüber ist es dabei nicht gerade weit her. Seit langen Zeiten leben wir in patriarchalen, das heißt von Männern bestimmten Strukturen. Schon in der Genesis im Alten Testament sagt der Gott Jahweh zur Frau: »Deine Begierde wird dem Mann gelten, und er wird dich beherrschen.«

Seit über 2000 Jahren ist Gott in allen großen Religionen männlich. Den Frauen sind nur kleinere Nebenrollen zugedacht. Mit den Frauen wurden aber auch die Geschlechtlichkeit, wurden Lust und Sexualität als lebensbejahende Prinzipien aus den Religionen verbannt. Sexualität und Spiritualität wurden fein säuberlich voneinander getrennt. Doch wir wollen uns nicht näher mit Religionsgeschichte beschäftigen. Entscheidend an diesem Wandel von einer von Frauen bestimmten in eine Männer dominierte Gesellschaft ist für unser Thema die Abwertung der Sexualität, welche im Gleichschritt mit der Unterdrückung der Frauen einherging. Was nun allerdings keineswegs heißen soll, daß Sexualität Männern weniger wichtig ist. Sie gehen einfach anders damit um.

MÄNNER SIND ANDERS ....

Weil ohne ihn scheinbar nichts läuft, dreht sich fast alles um ihn. Der Phallus, das männliche Prachtstück, ist wesentlicher Teil der Selbstdarstellung eines Mannes. Das Sexualhormon Testosteron ist im Mann zwanzigmal höher dosiert als bei der Frau. Deshalb spielt Sex im Denken des Mannes auch eine wesentlich größere Rolle. Für ihn dienen nahezu alle Aktivitäten um die Sexualität allerdings ausschließlich der Vorbereitung auf den Koitus. Archaisch betrachtet geht es schlicht um den Zeugungsakt, um die notwendige Reproduktion. Nur im Zusam-

»*Die Dominanz des Phallus ist tief verwurzelt. Dazu kommt noch der Sündenfall: Auch hier ist Sex das Böse und wieder die Frau die Hauptschuldige. Man kann sich kaum vorstellen, welche völlig sinnlosen Schuldgefühle ein solches Konzept zur Folge hatte.*«

(Prof. Dr. Bo Coolsaet, Der Pinsel der Liebe)

In Film und Fernsehen ebenso wie in den Köpfen vieler ist bis heute das Bild der Sexualität männlich geprägt. Echte Sinnlichkeit und tiefe Gefühle bleiben dabei jedoch meistens auf der Strecke.

menhang damit erscheinen Küssen, Streicheln und andere Zärtlichkeiten von Bedeutung. Zielstrebig peilt er den Höhepunkt an. In wenigen Minuten kann ein Mann einen Orgasmus erleben – alles, was darüber hinausgeht, tut er der Frau zuliebe. So zumindest verhalten sich Männer, deren Zugang zur Sexualität lediglich auf einer körperlichen Ebene liegt, und davon gibt es leider nicht wenige.

Als Frau haben Sie nun verschiedene Möglichkeiten, damit umzugehen. Sie können versuchen, mitzuhalten und ihre Erregungskurve irgendwie der des Mannes anzugleichen – ein mühsames, wenig erfolgversprechendes Unterfangen! Aber wir wissen ja aus Filmen, welche Art des Stöhnens und Schreiens denn wohl erwünscht ist. Und kaum etwas ist einfacher, als einem Mann einen Orgasmus vorzuspielen, denn welcher Mann mag schon daran zweifeln, daß er Sie wirklich zum Höhepunkt gebracht hat?

Wenn Sie allerdings im Lauf der Zeit kundiger werden und nach einigen mehr oder weniger frustrierenden Erfahrungen feststellen, daß Ihre Bedürfnisse wohl anders gelagert sind als die der Männer, sollten Sie mit diesem Spiel aufhören und zum Ausdruck bringen, was Sie sich wünschen und brauchen, um wirklich auf Touren zu kommen. Das bedeutet zwar einen gewaltigen Kraftakt für die meisten Frauen, da sie es gewohnt sind, Unstimmigkeiten zu vermeiden, und den Stolz des Mannes nicht verletzen wollen. Wenn Sie sich dieser Konfrontation aber nicht stellen, wird Ihr Partner niemals eine Veranlassung dafür sehen, sein Sexualverhalten zu ändern. Warum sollte er auch, wenn doch alles prima läuft?

Die meisten Frauen raffen sich erst in der zweiten Lebenshälfte zu diesem Schritt auf. Rückfälle in das gewohnte Verhalten sind – auf beiden Seiten – wahrscheinlich. Wenn Sie jedoch an dieser Stelle kapitulieren, werden Sie nie in den Genuß einer erfüllten Sexualität kommen. Viele Frauen erleben in diesem Abschnitt ihrer sexuellen Entwicklungsgeschichte eine Desillusionierung, die zu vorübergehendem Desinteresse oder sogar zur Ablehnung jeglicher Sexualität führen kann. Manche haken das Thema für sich ab, spielen weiter etwas vor, und lassen »es« über sich ergehen. Oder sie kümmern sich um sich selbst und erkunden Ihre eigenen Wünsche und Bedürfnisse. Und genau darum geht es vor allem in diesem Buch. Wie Sie einen Mann dafür begeistern können, ein guter Liebhaber zu sein, ist dann ein zweiter Schritt.

IM REICH DER MÄNNER

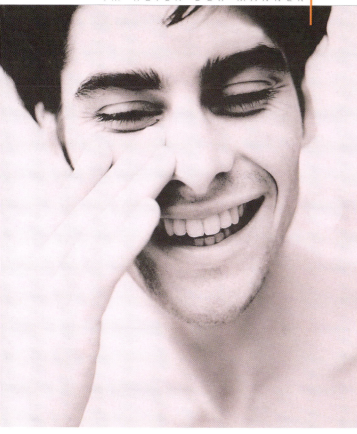

EINE CHANCE FÜR DEN MANN

In dem Maß, wie Ihnen Ihre sexuellen Bedürfnisse bewußt werden, Sie sich Ihre Wünsche eingestehen und anfangen, etwas für deren Erfüllung zu tun, bekommt auch der Mann die Chance, sein eingefleischtes Sexualverhalten zu verändern. Hinzu kommt, daß heute glücklicherweise immer mehr Männer von sich aus einen neuen Zugang zur Sexualität suchen, der mehr verspricht als das altbekannte »Rein-Raus-Spiel«. Die Zeichen stehen also gut, um neue, befriedigendere Wege in Ihrem Liebesleben zu beschreiben.

Ermutigt durch eine Frau, eröffnet sich auch für Männer die Möglichkeit, eine Verbindung zwischen dem rein körperlichen Begehren und dem Herzen zu schaffen. Dann geht es weniger um das schnelle Erreichen eines Orgasmus denn um einen spielerischen, phantasievollen und liebevollen Umgang miteinander. Und wenn es gutgeht, finden sexuelle Lust und Liebe zueinander – was könnte schöner sein?

»Viele Männer betrachten die Vorherrschaft des Männlichen als selbstverständlich, weil sie sich völlig an ihre höhere soziale Stellung gewöhnt haben. Die Zahl derer, denen die Männlichkeit ein ebenso großes Rätsel wie die Weiblichkeit ist, nimmt jedoch zu.«

(Eugene Monick, Die Wurzeln der Männlichkeit

AUFBRUCH ZU NEUEN UFERN

ES WIRD ZEIT, EINEN NEUEN ZUGANG ZUR SEXUALITÄT ZU FINDEN, DER MEHR BEFRIEDIGUNG AUF ALLEN EBENEN VERSPRICHT. SCHAFFEN SIE SICH FREIRÄUME FÜR DIE ENTDECKUNG IHRER WAHREN WÜNSCHE UND FÜR INTIME BEGEGNUNGEN MIT EINEM PARTNER. UND PROBIEREN SIE ES MAL MIT EINER NEUEN SPRACHE DER LIEBE.

WO HABEN SIE LIEBEN GELERNT?

Erinnern Sie sich noch an Ihr »erstes Mal«? Mit Sicherheit. Es war ein Sprung ins Ungewisse. Verwirrende Empfindungen und Gefühle, Befürchtungen, Ängste, Neugier, Aufregung, Vorfreude, Erwartungen und viele offene Fragen sind wohl auf Sie eingestürzt. Auf manche haben Sie vielleicht bis heute keine befriedigende Antwort gefunden. Haben Sie sich in diesem Zusammenhang nicht auch schon einmal gefragt, warum uns eigentlich niemand den richtigen Umgang mit unserer Sexualität beibringt? Liebesschulen – wie etwa die Tempel der Venus – haben Vergangenheit, aber vielleicht auch Zukunft. Bisher jedoch kann man von einem offenen, selbstverständlichen und liebevollen Umgang mit Themen rund um die Sexualität wohl kaum sprechen. Und deshalb schwirren auch trotz angeblich großer sexueller Freizügigkeit in unserer Gesellschaft in den Köpfen vieler Frauen immer noch Vorurteile herum, mit denen sie sich selbst den Wind aus den Segeln nehmen – nämlich darüber, wodurch eine Frau begehrenswert werde und was eine gute Liebhaberin sei.

So bilden sich zum Beispiel viele Frauen ein, ihre Qualitäten als Liebhaberinnen hingen davon ab, daß sie irgendwelche Idealmaße besäßen. Sie ersticken ihre Liebeslust in Vergleichen, bei denen sie schlecht abschneiden müssen. Vergessen Sie's! Es macht einfach keinen Sinn, mit Claudia Schiffer & Co. zu konkurrieren! Und es ist vor allem auch gar nicht nötig.

Entdecken Sie statt dessen sich selbst, Ihre ganz eigene individuelle Weiblichkeit. Wenn Sie Ihre Individualität unterstreichen, macht Sie das mit Sicherheit sehr viel anziehender und erfolgreicher als Liebhaberin, als wenn Sie – notgedrungen erfolglos – irgendwelchen Idealfrauen nacheifern.

> »Die meisten Menschen halten die sexuelle Vereinigung ohne ein spirituelles Element für ausreichend ... In Wirklichkeit sind aber nur wenige damit wirklich zufrieden. Der spirituellen Dimension beraubt, wird sexuelle Energie unterdrückt und richtet sich schließlich gegen das Leben selbst. Das wiederum führt zu Mißachtung, Vergewaltigung und anderen Formen sexueller Gewalt.«
>
> (Margot Anand, Tantralehrerin)

AUFBRUCH ZU NEUEN UFERN

SEXUELLE UNTER- UND ÜBERFORDERUNG

Es klingt paradox und gehört doch in gewisser Hinsicht zusammen: Einerseits leben wir in einer Gesellschaft, die völlig übersexualisiert ist. Ob Sexfilme, Pornohefte oder zunehmend auch Werbung mit sexuellen Attributen – viele Branchen bauen auf die Triebhaftigkeit der Menschen, ganz nach dem Motto »Sex sells«. Gleichzeitig jedoch wissen die meisten Frauen und Männer viel zu wenig über einen wirklich befriedigenden und lustvollen Umgang mit ihrer Sexualität, der nicht nur auf der körperlichen Ebene stattfindet, sondern auch unsere Gefühle und unseren Geist miteinbezieht.

Stellen Sie sich einmal vor, Sie würden öffentlich zugeben, daß Sie Sex lieben und daß Sie glücklich darüber sind, guten Sex haben zu können – sofern diese Aussage auf Sie zutrifft? Was glauben Sie, passiert, wenn Sie im Kollegen- oder Bekanntenkreis ungeniert über ein tolles erotisches Erlebnis schwärmen, erotisch gekleidet zur Arbeit erscheinen oder beim Sex »zu laut« sind? Schiefe Blicke, Verweise, Ausgrenzung oder blöde Anmachen sind wohl das, was Sie erwartet.

Diese indische Miniatur aus dem 17. Jahrhundert hat den schönen Titel »Die Versöhnung«.

»Wenn wir Frauen unsere Heldinnen nicht so behandeln wie unsere Helden, wenn wir nicht ihren guten Seiten nacheifern und die negativen mit einem Achselzucken abtun, werden ihr Mut und ihre positiven Wesensmerkmale nicht in uns weiterleben. Uns werden dann auch weiterhin die vorbildlichen weiblichen Rollenmodelle fehlen, die wir dringend benötigen.«

(Nancy Friday, Die Macht der Schönheit)

Die paradoxe Kombination von Lustfeindlichkeit und sexueller Leistungsgesellschaft schafft eine Situation von gleichzeitiger Über- und Unterforderung in bezug auf Liebe und Sexualität. Wir sollen immer sexy, immer bereit und orgasmusfähig sein; tiefe Gefühle, Lust und sexuelle Bedürfnisse dürfen jedoch nicht ausgesprochen werden und sind nicht gesellschaftsfähig – geschweige denn gibt es Vorbilder oder gar eine akzeptierte Kultur der körperlichen Liebe.

Doch intime Begegnungen, in denen echte Nähe, Zärtlichkeit und Offenheit Raum haben, sind eine essentielle Nahrung für die Seele. Im neuen Jahrtausend gilt es daher, unser sexuelles Grundbedürfnis wieder mit der spirituellen Dimension der erotischen Liebe zu verbinden und Freiräume für dieses Erleben zu schaffen, in denen das Weibliche und das Männliche gleichberechtigt nebeneinanderstehen und sich gegenseitig ergänzen können.

DIE SPRACHE DER LIEBE WIEDERENTDECKEN

Für viele ist das offene Gespräch über Sexualität nicht selbstverständlich, weil sie entweder mit Scham- und Schuldgefühlen zu kämpfen haben oder ganz einfach keine passende Sprache existiert. Abgesehen von ein paar medizinischen Begriffen, einer sich lustig machenden Kindersprache und einer Umgangssprache, die oft derb und abwertend ist, sind wir hier in der Sprachwüste der Liebe angelangt.

Der Mythos, daß wahre Liebe keine Sprache braucht, ist indes nur zutreffend, solange die Hormone auf Volltouren laufen und im Bett alles stimmt. Doch was machen Sie danach?

Im SkyDancing Institute, einer modernen Liebesschule, machen wir sehr gute Erfahrungen damit, den weiblichen und männlichen Geschlechtsorganen ganz neue Namen zu geben. Einige dieser Begriffe sind aus dem Sanskrit, der heiligen Sprache der hinduistischen Tradition, entlehnt. Sie mögen zwar anfänglich fremd erscheinen, haben aber den großen Vorteil, neuen Sicht- und Herangehensweisen eine Chance zu geben.

YONI UND LINGAM, SHIVA UND SHAKTI

Daher möchte ich Ihnen vorschlagen, es einmal mit den neuen Namen zu versuchen: »Yoni« ist das Sanskritwort für das weibliche, »Vajra« (gespr.: vadschra) oder »Lingam« für das männliche Geschlecht. Yoni läßt sich übersetzen mit »Heiliger Ort«. Vajra oder Lingam heißt

AUFBRUCH ZU NEUEN UFERN

»Lichtstab«, »Donnerkeil« oder auch »mächtiges Zepter«. Die Frau nennen wir »Shakti«, die im Hinduismus als »Göttliche Mutter« verehrt wird und die Personifizierung der Ur-Energie ist, den Mann »Shiva«. Er ist Shaktis Gemahl und ebenfalls eine Hindu-Gottheit. So vereinigt sich Shakti, die pure Energie, im Liebesakt mit Shiva, der pures Bewußtsein verkörpert. Diese Namen drücken respektvoller die sexuelle Individualität und Kraft von Frau und Mann aus.

Wenn Sie beginnen, Ihr Sexualleben von überholten Vorstellungen sowie einem entwertenden Sprachgebrauch zu befreien, und statt dessen eine neue Liebessprache pflegen, eröffnen Sie damit Räume für einen ganz neuen, respektvollen, achtsamen und freudvollen Umgang mit sich und Ihrem Partner. Sie drücken so mit jedem Wort aus, daß Sie Ihre Sexualität als etwas Kostbares und Wunderbares in Ihrem Leben begreifen. Eine feminine Sprache, die Erotik und Liebe erfaßt und miteinander zu verbinden weiß, wirkt anregend und heilsam in der Sprachwüste der Erotik. Wie ein magisches Bindeglied wird dann Liebesgeflüster und selbst eine kräftige, geile Ausdrucksweise zu einer Sprache der Liebe.

Im Klang und der Betonung eines Wortes liegt die Kraft, die Räume schafft! Jenseits der Bedeutung eines Wortes entsteht durch die Art, wie Sie es aussprechen, eine Atmosphäre der Geborgenheit, Liebe und Lust.

ERSTE BESTANDSAUFNAHME

Stellen Sie sich zum Abschluß dieses Kapitels die folgenden Fragen, und schreiben Sie die Antworten in Ihr Venustagebuch. Es kommt nicht darauf an, daß Ihre Antworten vollständig sind. Beantworten Sie die Fragen so gut und umfassend, wie Sie das im Moment können. Wahrscheinlich werden einige Fragen anders ausfallen, wenn Sie dieses Buch ganz durchgelesen und viele neue Erfahrungen mit sich gemacht haben. Es lohnt sich also auf jeden Fall, sich Ihre Aufzeichnungen zu einem späteren Zeitpunkt noch einmal anzusehen.

1) Wie wichtig ist Sexualität für Sie?
2) Was bedeutet guter Sex für Sie?
3) Was macht für Sie weibliche Sexualität aus?
4) Was sind Ihre größten Befürchtungen und Ängste im Zusammenhang mit Sexualität?
5) Was würden Sie gern einmal ausprobieren und wie können Sie dazu beitragen, daß es dazu kommt?

IM LABYRINTH DER VENUS

Von den Schattenseiten zur Sonnenseite: Freunden Sie sich mit allen Anteilen Ihrer Persönlichkeit und mit Ihrem Körper an. Mit einem uneingeschränkten *Ja zu sich selbst* beginnt das positive sinnliche Erleben.

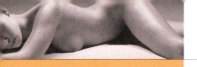

JENSEITS VON IDEALEN

Als Frauen haben wir es wahrhaftig nicht leicht, unabhängig von all den Idealbildern, die uns tagtäglich in Zeitschriften, im Fernsehen oder auf Werbeplakaten präsentiert werden, ein eigenständiges Selbstbewusstsein zu entwickeln. Vergessen Sie Marylin Monroe oder Claudia Schiffer, und suchen Sie nach Ihrer ganz persönlichen sexuell-erotischen Identität.

VON IDEALMASSEN UND SUPERWEIBERN

Frauen sind es gewohnt, ihren »sexuellen Wert«, ihre Schönheit und Attraktivität – und damit ihren Selbstwert – daran abzulesen, wie andere Frauen und natürlich vor allem auch Männer auf sie reagieren. Dadurch ist ihr Selbstwertgefühl jedoch extrem instabil und wenig verläßlich.

Oft ist es nur ein Blick, der entscheidend auf die Stimmungslage einer Frau einwirkt. Wahrscheinlich haben Sie das auch schon erlebt: Stolz tragen Sie Ihre neuen enganliegenden Sommerklamotten spazieren und fühlen sich einfach großartig und sehr sexy. Doch plötzlich streift Sie der Blick Ihrer Freundin so merkwürdig von der Seite, und Sie wissen es genau: Ihre Oberschenkel sind einfach zu dick für diese neue Hose. Der Tag ist gelaufen.

Und sind es nicht die Augen der anderen, in denen wir die anerkennenden (oder abwertenden) Blicke suchen, dann sind es Schaufenster, Glasflächen und Spiegeltüren, die gnadenvoll oder gnadenlos den Blick auf uns selbst zurückwerfen.

Die meisten Frauen sind unglaublich hart mit sich selbst in der Beurteilung ihrer Attraktivität und setzen viel zu hohe Maßstäbe. Die gängigen Idealmaße, der durchtrainierte Körper, das perfekte Styling, kombiniert mit einem verführerischen Lächeln und einer unwiderstehlichen Ausstrahlung, haben jedoch wenig bis gar nichts mit dem Leben der meisten Frauen zu tun – oder sie erreichen dieses Ideal nur unter großer Selbstaufopferung.

Ist das Ihr Ziel? Das Superweib, das es mühelos und ohne Falten schafft, liebevolle Mutter, erfolgreiche Geschäftsfrau, aufregende Geliebte, vollendete Hausfrau und breit informierte Gesprächspart-

»Ich bin eine Frau, die gesehen werden möchte. Doch ich wünsche mir auch – und inzwischen empfinde ich diese Möglichkeit zunehmend attraktiver –, es aufzugeben, mich in den Augen anderer finden zu wollen.«

(Nancy Friday)

Popstar Madonna: Sie prägte das Frauenbild in den 80er Jahren.

nerin zu sein? Vergessen Sie's! Das ist eine Illusion, der es sich wirklich nicht nachzueifern lohnt.

Aber warum setzen wir uns diesem Streß überhaupt aus? Ganz einfach, weil wir geliebt werden wollen. Für dieses Eingeständnis braucht es bei den meisten Frauen eine handfeste Krise, doch manchmal geht es auch so: Beginnen Sie, diese Werte zu hinterfragen – und begreifen Sie, daß es möglich ist, um Ihrer selbst willen anerkannt und geliebt zu werden. Das setzt freilich voraus, daß Sie sich selbst Ihrer wahren Werte bewußt sind und sich selbst so lieben und annehmen, wie Sie sind. Denn wenn Sie es nicht selbst tun, wie sollen es dann andere tun?

IRRGARTEN ODER LABYRINTH?

In diesem Kapitel geht es darum, (Ideal-)Vorstellungen zu enttarnen und zu verabschieden, die Sie daran hindern, Ihr individuelles Selbstbewußtsein als Frau zu entwickeln. Oft ist es allerdings gar nicht einfach, eigene Wünsche und Vorstellungen von jenen zu unterscheiden, die uns von außen sozusagen untergeschoben werden. Deshalb irren

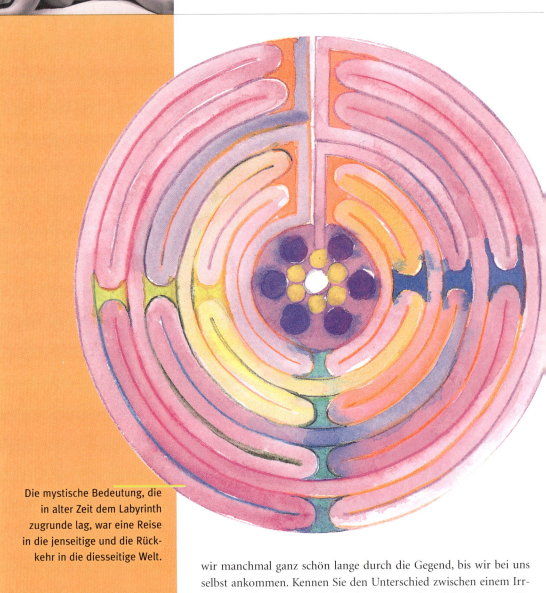

Die mystische Bedeutung, die in alter Zeit dem Labyrinth zugrunde lag, war eine Reise in die jenseitige und die Rückkehr in die diesseitige Welt.

wir manchmal ganz schön lange durch die Gegend, bis wir bei uns selbst ankommen. Kennen Sie den Unterschied zwischen einem Irrgarten und einem Labyrinth? Ein Irrgarten hat viele Eingänge, Sie können sich darin verlaufen und immer wieder in eine Sackgasse geraten, bis Sie dann irgendwann – mit etwas Glück – wieder herauskommen. Das entspricht ungefähr einer Lebensführung nach dem Modell »Versuch und Irrtum«. Der Lerneffekt ist dabei verhältnismäßig gering. Man probiert halt notgedrungen immer wieder etwas Neues, wenn es gar nicht mehr weitergeht.

JENSEITS VON IDEALEN

Ein Labyrinth dagegen ist eines der ältesten weiblichen Symbole der Transformation, also der Wandlung und Weiterentwicklung. Anders als in einem Irrgarten gibt es nur einen einzigen – verschlungenen – Weg hinein, und derselbe führt Sie auch wieder hinaus. Der Weg im Labyrinth leitet Sie zum Zentrum – zu Ihrem Wesenskern und Ihrer individuellen Weiblichkeit. Wenn Sie das Labyrinth wieder verlassen, so tun Sie das zwar auf demselben Weg, auf dem Sie hineingegangen sind, aber Sie selbst werden eine andere sein. In diesem Sinn ist der Weg in das Labyrinth der Venus als Transformationsweg zu verstehen, der in ein lustvolleres sinnliches Leben führt.

DEN IRRGARTEN VERWANDELN

Vielleicht fragen Sie sich, wie Sie in Ihrem täglichen Leben unterscheiden können, ob Sie sich in die Sackgasse eines Irrgartens verrannt oder eine Prüfung auf dem Weg durch das Labyrinth Ihres Lebens zu bestehen haben. Ein wichtiger Schlüssel, um diese Unterscheidung zu treffen, liegt im Vertrauen, daß die Dinge richtig sind, so wie sie sind. Lernen Sie sich selbst besser kennen, treten Sie wachen Auges Ihrer aktuellen Situation gegenüber, und entwickeln Sie ein Gespür dafür, was an jeder Erfahrung positiv und hilfreich ist, welche Lehre Sie daraus ziehen können. So verwandeln Sie den Irrgarten, in dem Sie sich sinnlos verlaufen, in Ihr persönliches Labyrinth, das aus Prüfungen und Herausforderungen besteht, die ohne Ausnahme zu Ihrem inneren Wachstum beitragen.

DAS LABYRINTH DER VENUS

Ich werde Sie in diesem Kapitel durch drei Stationen begleiten. Ziel dieser Reise ins Innere ist es, daß Sie sich selbst besser kennen- und vor allem auch annehmen und lieben lernen. So werde ich Sie zuerst dabei unterstützen, sich Ihren Schattenanteilen, Ihren »inneren Dämoninnen« zu stellen, die Ihnen oft das Leben schwermachen. Im nächsten Schritt werden Sie die Liebe zu sich selbst kultivieren, indem Sie Ihren »inneren Geliebten« aufsuchen. Und schließlich werden Sie Ihren Körper auf sinnliche Weise erkunden und in einen liebevollen Dialog mit ihm treten.

Im täglichen Leben können Sie viele labyrinthförmige Abbildungen in der Sie umgebenden Natur entdecken – in den Sternspiralen am Himmel, Schneckenhäusern oder Wasserstrudeln. Nutzen Sie diese Bilder, um sich im täglichen Leben rückzuverbinden mit der Kraft und Lust, die Sie in Ihrer eigenen Mitte finden.

SCHATTEN UND DÄMONINNEN

OFT SIND ES NICHT »DIE ANDEREN«, SONDERN UNGELIEBTE TEILE VON UNS SELBST, DIE UNS DAS LEBEN SCHWERMACHEN. WERFEN SIE EINEN BLICK AUF DIE INNEREN DÄMONINNEN, DIE ES IMMER WIEDER VERHINDERN, DASS SIE SICH WIRKLICH WOHL FÜHLEN. UND NEHMEN SIE DIESEN SABOTEURINNEN IHRER LUST DEN WIND AUS DEN SEGELN.

SCHATTENANTEILE UNSERER PERSÖNLICHKEIT

Jeder kennt sie, die Stimmen ins uns, die uns immer wieder Knüppel zwischen die Beine werfen, indem sie uns zum Beispiel weismachen wollen, wir seien nicht gut genug, unser Partner liebte uns nicht wirklich und wir fänden sicher nie einen passenden, oder aber, wir bräuchten sowiso niemanden und kämen sowieso am besten allein zurecht. Diese Stimmen, die unser Selbstbewußtsein unterminieren und sich ungefragt in unsere Beziehungen einmischen, wollen wir hier innere Dämoninnen nennen. Sie entstehen aus Anteilen unserer Persönlichkeit, die wir verstecken, weil wir befürchten, sonst zurückgewiesen und verletzt zu werden. Dämoninnen sind sozusagen Schattenanteile unserer Persönlichkeit.

Besonders Gefühle wie Wut, Ärger, Neid, Eifersucht, Angst, Trauer und Verzweiflung, aber auch das Bedürfnis, anerkannt und vorbehaltlos geliebt zu werden, trauen wir uns oft nicht offen zu äußern, ja nicht einmal zu spüren, weil wir uns fürchten, negativ beurteilt oder abgelehnt zu werden – oder weil sie uns zu sehr schmerzen oder nicht in unser Bild von uns selbst passen wollen. Gerade dadurch jedoch, daß wir diese unerwünschten Gefühle unterdrücken, bekommen sie noch mehr Kraft. Sie wandeln sich zu »Dämoninnen« und beginnen – meist unbemerkt von uns –, unser Verhalten zu steuern. Ein Beispiel: Ihr Liebster eröffnet Ihnen, daß er seinen nächsten Urlaub allein verbringen möchte, und das macht Sie traurig. Jetzt können Sie dieses Gefühl entweder offen aussprechen – vorausgesetzt, es ist Ihnen überhaupt bewußt. Oder aber, und das passiert sehr oft, eine Ihrer Dämoninnen betritt das Parkett und sagt statt dessen beispielsweise betont reserviert und abweisend: »Geh' nur. Ich brauche dich sowieso nicht.« Können Sie sich die Fortsetzung dieser

Nach C.G. Jung sind Schatten Persönlichkeitsanteile, die mit der bewußten Lebensform nicht vereinbar sind und deshalb nicht in das Ich integriert werden. Der Schatten fungiert als relativ autonome Teilpersönlichkeit, die jedoch nicht nur negative, verdrängte Impulse verkörpert, sondern auch zukunftsweisende Tendenzen aufweist.

Geschichte vorstellen? Auf jeden Fall gerät Ihre Beziehung durch die zweite Variante in eine »Schräglage«, die zumindest langerfristig problematisch werden kann und echte Intimität verhindert.

WIE DÄMONINNEN ENTSTEHEN

Dämoninnen entstehen vielfach bereits in der Kindheit und haben zunächst einmal die durchaus positive Funktion, Sie in bestimmten Situationen zu schützen. Unseren Gefühlen immer freien Lauf zu lassen macht uns sehr verletzlich, und nicht alle Situationen sind dazu angetan, dies zu tun. Kinder müssen sich einen Schutzwall aufbauen, wenn sie nicht die Liebe und Aufmerksamkeit bekommen, die sie eigentlich bräuchten, oder gar mißhandelt oder mißbraucht werden. Aber auch im späteren Leben, sei es in einer Bewerbungssituation oder in einer politischen Debatte, macht es sich nicht besonders gut,

Lassen Sie sich von Ihren inneren Dämoninnen nicht an der Nase herumführen. Sobald Sie bemerken, daß Sie eine von ihnen im Griff hat, atmen Sie tief durch und schenken ihr für einen Augenblick Ihre Aufmerksamkeit. Danach können Sie sie freundlich entlassen.

Den eigenen Schattenanteilen ins Auge zu sehen bietet große Chancen. Denn einmal enttarnt, verlieren die inneren Dämoninnen ihre Macht über uns und setzen die in ihnen gebundene Energie frei – wir fühlen uns dadurch kraftvoller und freier – und lustvoller.

all seine Gefühle offen auszudrücken. Deshalb gehört es zum Erwachsenwerden dazu, daß wir lernen, Gefühlsregungen zu kontrollieren und Strategien zu entwickeln, die uns vor Verletzungen schützen.

Leider ist uns dies aber oft gar nicht mehr bewußt und dann sind nicht wir es, die kontrollieren, sondern unsere Dämoninnen haben uns im Griff und verhindern, daß wir Zugang zu unseren wahren Gefühlen, aber auch zu unserer Lust bekommen.

Denn Gefühle zu kontrollieren ist etwas, das Kraft kostet, das Energie bindet. Sexuelle Lust ist jedoch darauf angewiesen, daß die Energie frei fließen kann.

DÄMONINNEN SIND HERAUSFORDERUNGEN

Betrachten Sie deshalb die Beschäftigung mit den inneren Dämoninnen als wichtige Herausforderung auf dem Weg zu Ihrer Kraft und zu Ihrer sexuellen Lust. Wenn Sie sich mit Ihren Schattenanteilen konfrontieren, haben Sie die Chance, die dahinter verborgenen Bedürfnisse wahrzunehmen und sie schließlich offen auszudrücken.

Es gibt offensichtliche und leicht zu identifizierende Dämoninnen, aber auch solche, die sich hintereinander verstecken oder sich in ihren Auftritten abwechseln. Schauen Sie sich einmal die gelungene Vorstellung des folgenden Dämoninnen-Ensembles an:

Sie haben alles für einen sinnlichen Abend zu zweit vorbereitet. Sie sehen hinreißend aus und fühlen sich verführerisch. Mit einem Blick kontrollieren Sie noch einmal, ob alles perfekt ist. Sie spüren ein wenig Anspannung in der Magengegend und fragen sich, ob Sie an alles gedacht haben und ob Sie Ihrem Liebsten gefallen werden.

Doch keine Sorge – Sie sind nicht allein. Mindestens drei Dämoninnen sind mit Ihnen. »Ich habe alles unter Kontrolle,« stellt sich die erste vor, die zweite macht alles perfekt, die dritte möchte gefallen, hat aber ihre Zweifel.

Zur Begrüßung macht Ihnen der Geliebte wortreiche Komplimente. Sie gehen jedoch innerlich ein Stück zurück und denken: »Das meint er doch nicht so, wie er es sagt; wahrscheinlich meint er damit gar nicht wirklich mich.« Wir begrüßen: die Dämonin des Mißtrauens und die, die sich am liebsten selbst schlecht macht.

Der Liebste nimmt Sie in die Arme. Ihre Kehle ist wie zugeschnürt, in voller Lautstärke dröhnt es in Ihnen: »Ich bin nicht gut genug!« (eine besonders hartnäckige Dämonin). Um aus dieser Situation her-

SCHATTEN UND DÄMONINNEN

auszukommen, hilft nur eins, Sie müssen etwas ganz Besonderes bringen – womit eine weitere zähe Dämonin ins Spiel kommt: »Ich bin nur dann liebenswert, wenn ich außergewöhnlich bin.«

Völlig mit dem inneren Schattentheater beschäftigt, haben Sie bis jetzt übersehen, daß auch der Mann Ihnen gegenüber weiche Knie und Schweißperlen auf der Stirn hat. Plötzlich huscht ein Lächeln über Ihr Gesicht. Ein tiefer, befreiender Seufzer weitet Ihre Kehle, Ihr Bauch entspannt sich, und Sie beide lachen aus vollem Herzen. Damit haben Sie Ihren dämonischen Damenchor fürs erste verabschiedet, und die Begrüßung fällt jetzt ganz anders aus: »Ich habe mich sehr auf diesen Abend mit dir gefreut, mein Herz rast zwar wie wild, und ich bin ziemlich aufgeregt, aber ich freue mich, daß du da bist.«

IDENTIFIZIEREN SIE IHRE DÄMONINNEN

Indem wir unseren inneren Dämoninnen einen Namen und vielleicht sogar eine Gestalt geben, schaffen wir eine sinnvolle und spielerische Distanz zu ihnen. Wir haben so die Möglichkeit, sie anzuschauen, kennenzulernen und zu entschlüsseln, welche verborgenen Nachrichten sie für uns haben. Wenn wir es schaffen, einen Augenblick innezuhalten, bevor die Dämoninnen uns mit ihren Fangarmen in den Griff kriegen, können wir die Kraft, die in ihnen steckt, für uns nutzen.

Sie machen es uns allerdings nicht leicht. So verändern sie häufig ihre Gestalt und versuchen, durch wechselnde Botschaften ihr Terrain zu verteidigen, um ihre Macht über uns zu behalten. Szenen des folgenden Schattentanzes kommen Ihnen wahrscheinlich bekannt vor.

Die Dämonin Selbstzweifel – »Niemand liebt mich« oder »Das kann ich nicht« – verwandelt sich gern in die Dämonin Trotz oder Stolz: »Ich brauche niemanden.« Vielleicht wird sie auch zur Opferdämonin, die jammert: »Warum liebt mich denn keiner?« oder zur eiskalten Dämonin: »Ich traue niemandem.« Auch sehr bekannt in Frauenkreisen ist die Dämonin Selbstabwertung »Ich bin nicht schön genug« oder »Ich bin nicht interessant, intelligent, schlagfertig, erotisch, sexy ... genug.«

Eine sehr subtile Dämonin ist die der Kontrolle. Sie setzt Ihrem Lustpotential am stärksten zu. Aus Angst vor Abhängigkeit oder aus falsch verstandener Moral verhindert sie geschickt jeden spontanen Gefühlsausdruck von Liebe und Zuneigung. Das geht so weit, daß sie Sie daran hindert zu spüren, wie Ihr Körper gerade reagiert, weil sie

Ein körperlicher wie seelischer »Tempelputz« sowie aktive Auseinandersetzung mit den inneren Dämoninnen ist die »Dynamische Meditation«. Das aktuelle Thema Ihrer inneren Dämoninnen läßt sich damit gut ausagieren und schließlich integrieren. Eine entsprechende CD mit gleichem Namen erhalten Sie im Musikfachgeschäft.

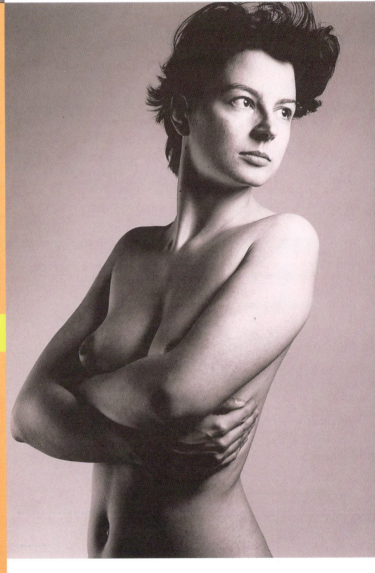

Die Dämonin des Selbstzweifels ist eine besonders hartnäckige Vertreterin ihrer Art, die bei Frauen häufig auftritt. Gerade sie hat es nötig, von uns enttarnt und damit entmachtet zu werden. Das schafft neuen Raum für Selbstliebe und Selbstakzeptanz.

Ihre ganze Aufmerksamkeit auf die Beobachtung Ihrer Wirkung nach außen lenkt. So stellt sich die Dämonin der Kontrolle jedem Impuls zur Hingabe in den Weg. Da sie soviel Energie festhält, die sich ja eigentlich bewegen oder auch im Orgasmus entladen möchte, sorgt eine Kontroll-Dämonin oft für starke Anspannungszustände zum Beispiel in Form von Rückenschmerzen, Migräne oder Krämpfen bei der Menstruation.

SCHATTEN UND DÄMONINNEN

FRAGEN IM DÄMONINNEN-DIALOG

Diese Fragen begleiten Sie im Dämoninnen-Dialog
1. Mit welchen Dämoninnen haben Sie es zu tun? Wie heißen sie, wie sehen sie aus?
2. Welchen Einfluß haben sie auf Ihr Verhalten in Ihrer Partnerschaft und Ihrer Sexualität?
3. Welche Ängste stecken hinter ihnen?
4. Welche Wünsche verbergen sich hinter ihnen?

KREATIVER DÄMONINNEN-DIALOG

Mit logischen Überlegungen kommen Sie kaum an Ihre Dämoninnen heran, da ihre Wurzeln meist im Unbewußten liegen. Der Dämoninnen-Dialog, eine Struktur aus dem Psychodrama und der Gestalttherapie, kann hilfreich sein, um sich den Dämoninnen zu stellen sowie Schattenseiten und ungeliebte Teile Ihrer Persönlichkeit zu integrieren.

Den kreativen Dämoninnen-Dialog können Sie allein oder – noch besser – mit einer Freundin durchführen, die Ihnen die obigen Fragen stellt, einen vereinbarten Zeitrahmen von etwa 15 bis 20 Minuten einhält und zwischendurch immer wieder nachfragt. Danach können Sie die Rollen tauschen.

Wenn Sie allein auf die Dämonenreise gehen, sollten Sie sich die obigen Fragen, in Ihrem Venustagebuch notieren und sie sich selbst – vielleicht mehrmals – stellen.

Versetzen Sie sich in eine Situation, die Sie gerne näher betrachten wollen, die letzte Konfliktsituation zum Beispiel, die Sie mit Ihrem Partner hatten. Beginnen Sie damit, die Dämonin zu beschreiben, die Sie am deutlichsten spüren. Tun Sie es am besten laut, auch wenn Sie allein sind. Stellen Sie die Dämonin vor, und lassen Sie sie sprechen. Es ist gut möglich, daß es eine Weile dauert, bis sie ihre Sprache gefunden hat. Vielleicht sind es zu Beginn auch nur Laute, die sie von sich gibt, oder Bewegungen, die sie machen will. Lassen Sie es einfach geschehen, was geschehen will, entscheidend ist zuerst einmal, mit der Dämonin in Kontakt zu kommen. Wenn Sie den Dialog mit der Unterstützung einer Freundin führen, ist es wichtig, daß sie Sie dabei nicht unterbricht.

Eine kreative Möglichkeit, mit Ihren inneren Dämoninnen umzugehen, besteht auch darin, sie zu zeichnen oder zu modellieren. Sie bringen so auf künstlerische Weise Ihre Schattenanteile ans Licht – und nehmen ihnen ihre heimliche Macht.

Sie können Ihren inneren Peinigerinnen auch in einem Dämoninnen-Tanz gegenübertreten. Wählen Sie dazu ein Musikstück, das Ihrer aktuellen Verfassung entspricht, und lassen Sie die Dämonin sich durch Ihren Körper ausdrücken – und austoben.

Also, legen Sie los. Die erste Frage lautet: Wer ist die aktuelle Dämonin? »Meine Dämonin ist ....« Sprechen Sie alle Gefühle, Gedanken und Empfindungen aus, die in Ihnen auftauchen. Beschreiben Sie genau, wie die Dämonin aussieht, wie sie ihren Job macht. Wie stellt es Ihre Dämonin an, daß Sie auf sie hören?

In der Regel werden Sie es nicht nur mit einer Dämonin zu tun haben. Es ist die Natur der Dämoninnen, ihre Gestalt zu wechseln – gerade auch, wenn sie sich bedrängt fühlen. Schauen Sie sich all diese Verwandlungen an. Am Ende kristallisiert sich meist eine Dämonin als Hauptdarstellerin heraus. Und hinter dieser verbirgt sich dann auch das Gefühl, um das es eigentlich geht, sei es eine Angst oder eine Sehnsucht oder was auch immer.

Machen Sie sich zum Abschluß des Dämoninnen-Dialogs möglichst deutlich, was Ihnen Ihre Dämoninnen gezeigt haben und was Sie in der Begegnung mit ihnen über sich gelernt haben. Nehmen Sie sich danach ausreichend Zeit, um in Ruhe bei sich anzukommen und die Erfahrungen, die Sie gemacht haben, zu verdauen und zu integrieren.

SELBSTLIEBE VERTREIBT DIE DÄMONINNEN

Gerade wenn echte Gefühle der Liebe und Zärtlichkeit sich zeigen wollen, fühlen sich die inneren Dämoninnen besonders angezogen, weil hier natürlich auch Verletzungen drohen. Oft ist uns gar nicht bewußt, wie sehr wir von ihnen gegängelt werden, und wir wundern uns, wenn sich Begegnungen völlig anders entwickeln als geplant. War es gerade noch Ihre Absicht, einen sinnlichen Abend mit Ihrem Geliebten zu verbringen, sind Sie plötzlich in ein Problemgespräch oder einen unterkühlten Smalltalk verwickelt.

Gerade in Partnerschaften und Freundschaften finden Dämoninnen ein ideales Spielfeld. In der Konfrontation mit ihnen wird es jedoch möglich, alte Verhaltensweisen und Schutzmechanismen zu überwinden, die oft noch aus der Kindheit stammen, heute aber nicht mehr angebracht sind. Dämoninnen arbeiten unablässig und sehr subtil. Setzen Sie ihnen Mut, Wachheit und die Liebe für alle Ihre Anteile – auch die vermeintlich negativen – entgegen. So überwinden Sie Widerstände und Hindernisse auf dem Weg ins Zentrum Ihrer Liebes- und Sexualkraft, auf dem Weg zu Ihrer Venusnatur als lebendige und lustvolle Frau. Bedingungslose Selbstliebe ist das beste Mittel, den inneren Dämoninnen zu begegnen und sie zu Verbündeten zu machen.

Dämoninnen sind Verbündete, die ganz natürlicherweise in der Psyche zu Hause sind. Lernen Sie, sie zu zähmen, indem Sie sich nicht länger mit diesen Persönlichkeitsanteilen identifizieren. So wird es Ihnen möglich, die in den inneren Dämoninnen gefesselte Energie zu befreien und als positive Kraft Ihrer Lust und Wachheit zuzuführen.

VOM MÄRCHENPRINZEN
ZUM INNEREN GELIEBTEN

IN FAST ALLEN FRAUEN STECKT DER TRAUM VOM MÄRCHENPRINZEN, DER IHNEN ALLE WÜNSCHE VON DEN AUGEN ABLIEST, SIE BEDINGUNGSLOS LIEBT UND VON ALLEM ÜBEL ERLÖST. VERABSCHIEDEN SIE SICH VON DIESER ILLUSION, DIE NUR ZU ENTTÄUSCHUNGEN FÜHREN KANN. LERNEN SIE, SICH SELBST ZU LIEBEN, UND SCHAFFEN SIE DAMIT DIE VORAUSSETZUNG FÜR EINE BEFRIEDIGENDE BEZIEHUNG MIT EINEM GANZ NORMALEN MANN.

IMMER AUF DER SUCHE NACH MR. RIGHT

Nicht umsonst sprechen wir vom Wunder der Liebe und sagen, Liebe sei die stärkste Medizin oder die beste Schönheitsfarm. Liebe verleiht Flügel und versetzt Berge. Jede Frau blüht auf, wirkt strahlend und unwiderstehlich, wenn sie sich geliebt fühlt. Zu lieben und geliebt zu werden bewirkt einen Energiezuwachs auf allen Ebenen. Wir fühlen uns vollständig, und das verleiht uns ungeahnte, scheinbar unerschöpfliche Kräfte. Aber wer steht hinter einer solchen energetischen Explosion? Ein Mann, Mr. Right, hat uns erobert, und wir sind die glücklichsten Frauen der Welt.

Wahrscheinlich haben Sie auch schon eine ganze Reihe von Mr. Rights getroffen. Es fängt gut an, und Sie spüren körperlich und seelisch: Das ist der Richtige, ein Mann, der Ihnen jeden Wunsch von den Augen abliest, der einfühlsam ist und Sie zu befriedigen weiß – mit allen Raffinessen. Er bietet Ihnen uneingeschränkte Sicherheit und ist begeistert von Ihnen, was immer Sie tun. Doch schleichend sind die Kräfte des Verfalls. Im Lauf der Zeit nimmt er die rosa Brille immer häufiger ab, sieht Dinge an Ihnen, die ihm gar nicht gut gefallen, und auch von ihm selbst blättert der makellose Lack des Traummanns ab. Die ersten Krisen kommen, und die Energiekurve geht nach unten. – Mr. Right war denn wohl doch nicht der Richtige?!

DER DORNRÖSCHEN-TRAUM

Tief in den Seelen der meisten Frauen schlummert auch heute noch die romantische Vorstellung vom Dornröschen, das mit allem Zauber und Komfort des 21. Jahrhunderts geweckt werden möchte.

Hollywood-Filmstar Brad Pitt: So schön er auch sein mag – selbst solch ein Traumprinz ist im richtigen Leben nur ein ganz normaler Mann.

DER INNERE GELIEBTE

Dornröschen scheint den Frauen einzuflüstern, daß sie nur anmutig genug schlafen – sprich brav abwarten – müßten, bis der Richtige kommt, der sie wachküßt und für immer in den nächsten wunderbaren Traum entführt. Das Dornröschen-Verhalten garantiert einer Frau scheinbar, daß sie die Auserwählte, also Mrs. Right ist. Das unerschrockene Vorgehen des Prinzen gibt ihr gleichzeitig die Sicherheit, die sie für ihre emotionale Öffnung braucht – und die für Frauen die Vorbedingung für sexuelle Hingabe ist.

Frauen, selbst die aufgeklärtesten, sind nahezu durchweg Romantikerinnen. Unser unbewußtes Sehnen nährt nach wie vor den hartnäckigen Glauben an den Märchenprinzen, den Richtigen, und wir projizieren diese Vorstellung immer wieder auf den (neuen) Mann in unserem Leben. Und regelmäßig entdecken wir, daß er gar nicht Mr. Right ist, sondern »nur« ein ganz normaler Mann mit seinen guten und schlechten Seiten – und das ist gut so.

ANIMA UND ANIMUS

Was aber steckt hinter diesem kaum zu erschütternden Traum und der damit verbundenen Aufwachkrise? Es ist der Wunsch, bedingungslos geliebt und in unserer Einzigartigkeit erkannt zu werden von einem anderen Menschen, der uns ergänzt. Und es ist das Streben unserer Seele nach Vollständigkeit, das wir nach außen auf unseren Partner – unseren vermeintlichen Gegenpol – richten. Mit unserem Traumprinzen hoffen wir, diese Vollständigkeit zu verwirklichen. Den Männern geht es da im übrigen nicht anders.

Unbewußt suchen wir Frauen nach unserem männlichen Anteil in den Männern, die Männer wiederum suchen ihren weiblichen Anteil in den Frauen. So sehnen sich Frauen, denen es selbst an Durchsetzungskraft fehlt, oft nach kämpferischen, autoritären Männern, während Männer, die Schwierigkeiten haben, sich emotional zu öffnen, nach weichen und hingabefähigen Frauen Ausschau halten. Und beide erwarten sich vom anderen Geschlecht die bedingungslose Liebe, die sie sich selbst nicht geben.

C.G. Jung spricht in seiner Psychologie des Weiblichen und des Männlichen von Anima und Animus. Die weibliche Energie, die jeder Mann in sich trägt, bezeichnet er als Anima, die männliche Energie der Frau als Animus. Wir tragen also eigentlich beide Polaritäten – die männliche und die weibliche – in uns, leben sie jedoch oft nicht

»Wir müssen unsere Liebe so frei wie möglich halten, um sie zu jeder Stunde verschenken zu können. Die Objekte, an die wir sie hingeben, überschätzen wir immer, und daraus fließt viel Leid.«

(Hermann Hesse)

beide, sondern versuchen, unseren gegengeschlechtlichen Pol in unserem Partner zu finden. Als Frau projizieren wir so unser »inneres Gegenstück« auf den Mann und machen ihn zum Spiegel unserer eigenen männlichen Seelenqualität.

Wir wollen sozusagen, daß der Partner etwas für uns lebt. Das führt jedoch häufig dazu, daß wir das Individuum Mann, das vor uns steht, gar nicht wirklich wahrnehmen und ihm gerecht werden können. Viel zu sehr sind wir mit unserer Projektion und den damit verbundenen Wünschen und Bedürfnissen beschäftigt. Und je weniger wir in der Lage sind, unsere männliche Energie in uns selbst zu finden und zu leben, desto schwieriger gestalten sich unsere realen Begegnungen mit Männern.

Kein Partner, und sei er ein noch so toller Mann, kann Ihnen zu einem stabilen Gefühl von Vollständigkeit verhelfen, wenn Sie es nicht selbst haben – genausowenig wie er Ihnen die Liebe und Akzeptanz geben kann, die Sie sich selbst verweigern. C. G. Jung sah es deshalb, ähn-

Anima und Animus sind nach C.G. Jung gegengeschlechtliche Züge, die jeder Mensch in sich trägt. Diese zu den Archetypen gehörenden Seelenbilder stammen von den Urzeiten des Lebens her.

lich wie die tantrische Tradition, als einen unverzichtbaren Wachstumsschritt in die seelische Selbständigkeit an, unseren Gegenpol – die innere Frau beziehungsweise den inneren Mann – in unsere Persönlichkeit zu integrieren.

Wenn Sie den Inneren Mann oder Inneren Geliebten, wie die Tantriker sagen, in sich erwecken und sich mit ihm vereinigen, richten Sie Ihre ganze Liebe auf sich und Ihr Leben. Damit nähern Sie sich dem, was im Tantra als „ekstatisches Selbst" bezeichnet wird. Stellen Sie sich dieses ekstatische Selbst als eine hochenergetische Seelenqualität vor, vergleichbar mit den Höhenflügen, die Sie aus den wunderbaren Verliebtheitszuständen zu Beginn einer Beziehung kennen, in denen man das Leben bedingungslos annehmen und lieben kann.

Bei der Begegnung mit dem Inneren Geliebten geht es um die Erfahrung Ihrer eigenen seelischen Vollständigkeit. Diese Erfahrung, daß Sie selbst ganz sind, daß Ihnen nichts fehlt, ist die Grundlage für ein erweitertes Liebes- und Lustempfinden. Wenn Sie sich nämlich auch allein vollständig fühlen, dann dient Ihnen ein Partner nicht länger zum Ausgleich eines Defizits, und ein ganz neuer Tanz der Liebe zwischen zwei eigenständigen Wesen kann beginnen.

WIE SIE IHREN INNEREN GELIEBTEN RUFEN

Ich möchte Sie jetzt mit einer Übung – oder besser gesagt einem Liebesritual – aus der tantrischen Tradition vertraut machen, mit der Sie Kontakt zu Ihrem Inneren Geliebten aufnehmen.

Nehmen Sie sich etwa eine halbe Stunde Zeit, und suchen Sie sich einen Platz, an dem Sie sich wohl fühlen und ungestört sein können. Liegen oder sitzen Sie bequem, sanfte Musik kann Ihnen helfen, sich zu entspannen. Nehmen Sie nun bewußt Kontakt zu Ihrem Atem auf. Schließen Sie die Augen und vertrauen sich Ihrem Atem an. Visualisieren Sie einen Kreis um sich herum, und beginnen Sie damit, diesen Raum mit Ihrer Liebe zu füllen. Das können Sie tun, indem Sie sich an eine Situation erinnern, in der Sie sich angenommen und geborgen gefühlt haben. Vielleicht erinnern Sie sich an jemanden, der Sie geliebt hat, oder an eine Szene aus Ihrer Kindheit. Bleiben Sie bei einem Bild, das besonders wohlige Gefühle in Ihnen wachruft. Lassen Sie das Bild so lebendig wie möglich werden, und füllen Sie es mit allen Details. Tauchen Sie immer tiefer in das Gefühl des Geliebtseins ein.

Stellen Sie sich den Inneren Geliebten als eine hochenergetische Seelenqualität vor, wie Sie sie aus dem Höhenflug einer neuen Liebe kennen.

Lassen Sie all die Liebe, die Ihnen entgegengebracht wurde, in den Kreis fließen, und stellen Sie sich vor, wie Sie selbst in der Mitte des Kreises stehen. Nehmen Sie mit jedem Atemzug diese Liebe in sich auf, bis Sie wirklich satt und erfüllt davon sind.

Legen Sie eine Hand aufs Herz, spüren Sie all die Kraft und Schönheit, die Sie erfahren haben und die in Ihnen weiterlebt, und sagen Sie zu sich selbst: »Ich liebe dich.« Sagen Sie es so lange, bis die Liebesenergie förmlich in Ihnen tanzt.

Sie können die Liebe zu sich selbst erblühen lassen wie eine schöne Blume.

DER INNERE GELIEBTE

DIE LIEBE ZU SICH SELBST KULTIVIEREN

Besorgen Sie sich die Zwiebel einer Blume, die zu Ihnen paßt. Schreiben Sie Ihren Namen auf die Unterseite der Blumenzwiebel, und pflanzen Sie sie in einen neuen Topf. Stellen Sie ihn an einen geeigneten Platz, und schenken Sie Ihrer Blume alle Liebe und Fürsorge. Wiederholen Sie morgens und abends über dem Topf Ihren Namen, bis die Zwiebel treibt. Sagen Sie jeden Tag:
»Mögen die Wurzeln wachsen,
mögen die Blätter wachsen,
und möge genauso die Liebe
zu dem Göttlichen in mir wachsen.«

ES FEHLT IHNEN AN NICHTS!

Der Innere Geliebte ist kein Ersatz oder Übergang, wenn man gerade keinen Partner hat. Für mich ist er oft gerade dann wichtig, wenn ich mal wieder der Meinung bin, daß mein realer Geliebter »es nicht bringt« und ich geneigt bin, mit dem Finger auf ihn zu zeigen und zu sagen: »Du bist schuld, daß es mir nicht gutgeht!« Dann nämlich kann mir der Innere Geliebte das geben, was kein äußerer vermag: wirklichen inneren Frieden.

Genährt von Ihrem Inneren Geliebten, sind Sie nicht mehr das ausgehungerte Kind, das schreit »Ich will, ich brauche, ich kann nicht allein ...«, sondern eine erwachsene Frau, die sich auch allein wohl fuhlt. Was glauben Sie, wie befreiend das ist!

Das Zusammentreffen mit dem Inneren Geliebten steht für die liebevolle Selbstannahme und ist auch verbunden mit der Hingabe an etwas Größeres. Dieses Größere kennen wir auch als das Göttliche, Allumfassende oder, wie die Tantriker sagen, das ekstatische Selbst. Es dauert seine Zeit, bis wir im Lauf eines inneren Reifeprozesses begreifen, daß diese Einheit in uns liegt und wir uns ihr jederzeit anvertrauen können.

Befreien Sie sich aus der Falle, einen anderen Menschen zu brauchen, um sich selbst als vollständig zu erfahren. Machen Sie sich unabhängig, und ebnen Sie damit den Weg für eine echte erwachsene Partnerschaft, in der jeder die Verantwortung für sein Wohlbefinden selbst übernimmt.

Wenn Sie den Inneren Geliebten für sich etabliert haben, werden Sie feststellen, daß Sie viel entspannter, spontaner und toleranter sind.

DER KÖRPER – INSTRUMENT
DER LIEBE UND DER LUST

IHR KÖRPER IST IHR INSTRUMENT DER LIEBE UND LUST. BEVOR SIE VIRTUOS AUF DIESEM INSTRUMENT SPIELEN KÖNNEN, MÜSSEN SIE SICH MIT IHM VERTRAUT MACHEN. HÖREN SIE AUF, IHREN KÖRPER NACH ÄUSSEREN MASSSTÄBEN ZU BEURTEILEN. SAGEN SIE JA ZU IHM, UND GEHEN SIE ACHTSAM MIT IHM UM.

SICH BESSER FÜHLEN, STATT BESSER AUSSEHEN

Sensibler für den eigenen Körper und bewußter für seine Bedürfnisse zu werden macht Sie auch empfänglicher für Ihre sexuellen Wünsche.

Was entscheidet eigentlich darüber, welches Verhältnis wir zu unserem Körper haben? Unser Körperbewußtsein setzt sich zusammen aus dem, was wir über unseren Körper denken, wie wir uns in unserem Körper fühlen sowie seiner äußeren Erscheinung. Die meisten Frauen schenken ihrem Körper sehr viel Aufmerksamkeit, konzentrieren sich dabei allerdings einseitig auf das äußere Erscheinungsbild. Sie trainieren ihren Körper nicht in erster Linie, um sich besser zu fühlen, sondern um besser auszusehen – und sich dann über das positive Feedback, das sie sich erhoffen, besser zu fühlen.

Das kann kurzfristig ganz gut funktionieren, ist jedoch eine ausgesprochen fragile Angelegenheit. Selbstbewußtsein oder Wohlbefinden, das vorwiegend durch positives Feedback zustande kommt, kann jeden Augenblick kollabieren, da es von den wechselhaften Reaktionen der Außenwelt abhängig ist und kein Fundament in uns selbst hat. Jeder kritische Blick kann es erschüttern, und entsprechend unsicher und angespannt fühlen wir uns natürlich auch.

Verabschieden Sie sich aus diesem Teufelskreis, und lernen Sie, sich besser zu fühlen, statt einfach nur besser aussehen zu wollen!

SPIEGLEIN, SPIEGLEIN AN DER WAND ...

Wenn wir vor dem Spiegel stehen, reduzieren wir unsere Selbstwahrnehmung nicht nur auf unser äußeres Erscheinungsbild, sondern wir beißen uns darüber hinaus mit Vorliebe an einem Körperteil fest, das nicht unseren Vorstellungen entspricht, das nicht »perfekt« ist. Wahrscheinlich kennen auch Sie diese inneren Selbstgespräche vor dem Spiegel, die oft ganz harmlos beginnen, um dramatisch zu enden:

DER KÖRPER

Meistens sind wir gar zu kritisch mit uns. Begegnen Sie ab jetzt Ihrem Spiegelbild mit mehr Nachsicht und Liebe!

»Das Rot steht mir wirklich gut, auch die Haare fallen sehr schön heute ... der Schnitt von dem Rock ist super und sehr vorteilhaft für mich ... aber dieser Hintern! Und mein Busen ... zu klein, zu groß, meine Nase zu lang, die Beine viel zu ... Ich muß das ändern, ich muß ins Fitness-Studio, muß ein Diät machen, ich muß, ich muß ...«
Welch ein Streß! Wie sollen Sie unter diesen Voraussetzungen eine lustvolle Beziehung zu Ihrem Körper eingehen? Anstatt sich vor dem Spiegel mit Selbstanfeindungen fertigzumachen, sollten Sie sich lieber einmal die Mühe machen, genauer hinzuschauen, was sich eigentlich hinter Ihrer Kritik verbirgt. Ist es der Wunsch nach sinnvollen Veränderungen, die Ihrer körperlichen und seelischen Gesundheit zugute kommen, oder eher übertriebene Anpassung an ein geltendes Schönheitsideal?

JA – DAS BIN ICH IN DIESEM AUGENBLICK!

Unabhängig davon, ob es vielleicht wirklich angesagt für Sie wäre, ab- oder zuzunehmen oder Ihre Muskulatur zu trainieren: Wenn Sie mehr Freude an Ihrer Sinnlichkeit und Sexualität haben wollen, dann sagen Sie jetzt in diesem Augenblick ja zu Ihrem Körper und verschieben das bitte nicht auf die Zeit nach der Diät. Alle intensiven Sinnesfreuden beruhen darauf, daß Sie sich kompromißlos auf den

»Männer identifizieren sich mit einem männlichen Model. Frauen dagegen vergleichen sich. Frauen denken: ›Was die hat, das fehlt mir.‹ Männer denken: So wie der, so sehe ich ungefähr aus.«

(John Casablancas, Chef einer Modelagentur)

NEIN ODER JA – EIN KLEINER TEST

Machen Sie einen einfachen Test, um die Wirkung von Gedanken auf Ihren Körper zu erkunden. Schließen Sie die Augen, und verbinden Sie sich mit Ihrer Atmung. Mit einer der nächsten Atemwellen sagen Sie innerlich »Nein«. Fahren Sie damit für einige Atemzüge fort: »Nein – nein – nein.« Machen Sie eine kleine Pause, und denken Sie nun mit jedem Atemzug »Ja – ja – ja – ja.«
Wie hat Ihr Körper jeweils reagiert?
Dieses Beispiel macht auf einfache Weise deutlich, wie Sie mit Ihren Gedanken Ihr körperliches und seelisches Wohlbefinden beeinflussen können. Das Nein hat Ihren Körper sich zusammenziehen lassen, und Sie konnten Enge, Beklemmung und Unbeweglichkeit wahrnehmen. Ein Ja bringt etwas Lichtes mit sich, es läßt Sie expandieren und stimmt Sie freudig.

DER KÖRPER

gegenwärtigen Augenblick einlassen können. Wenn Sie beispielsweise ständig daran denken, daß Ihre Oberschenkel zu dick oder Ihr Busen zu schlaff sind, während Ihr Liebster Sie verwöhnt, schränkt das Ihr Lustempfinden ganz gewaltig ein. Erweisen Sie sich also diesen Liebesdienst, den kein anderer für Sie übernehmen kann, und sagen Sie ja zu sich selbst, so wie Sie jetzt gerade in diesem Augenblick sind, und fühlen Sie dieses Ja mit jeder Faser Ihres Körpers.

WIE STEHEN SIE ZU IHREM KÖRPER?

Beantworten Sie sich zunächst ein paar Fragen, bei denen es darum geht herauszufinden, wie Sie Ihren Körper empfinden, was sie über ihn denken und welches Verhalten Sie daraus entwickelt haben. Nehmen Sie sich ausreichend Zeit, und spüren Sie in sich hinein, um die Antworten zu finden. Seien Sie dabei so spontan wie möglich – die erste Antwort ist meistens die richtige.

1. Welche Stellen meines Körpers verstecke ich?
2. Welche Stellen mag ich an meinem Körper?
3. Wie unterstreiche ich diese Körperpartien?
4. Wie stelle ich mir einen sexuell anziehenden Körper vor? Welche Vorbilder habe ich dafür?
5. Welche Körperpartien bringe ich mit sexuellen Empfindungen in Verbindung?
6. Unterstreiche ich diese durch meine Kleidung?
7. Welche Körperpartien mag ich nicht? Warum nicht?
8. Wie stark habe ich das Gefühl, daß mich andere Menschen hauptsächlich wegen meines Körpers mögen oder auch nicht mögen?
9. Habe ich das Gefühl, daß meine äußere Erscheinung wirklich ausdrückt, wer ich bin?
10. Welche Eigenschaften würde ich gern durch meinen Körper ausdrücken?

SCHAUEN SIE SICH AN!

Gehen Sie jetzt weiter, und vertiefen Sie Ihre Körperwahrnehmung mit der folgenden Übung. Nehmen Sie sich ungefähr eine Stunde Zeit, in der Sie ungestört sein können und sich nicht gehetzt fühlen. Was Sie brauchen, ist Ihre Lieblingskörperlotion und ein großer Spiegel, in dem Sie sich vollständig sehen können.

Verabschieden Sie sich von dem Streß, den Bewertungen und Urteile mit sich bringen, wenn Sie Ihren Körper im Spiegel betrachten. Fühlen Sie statt dessen mehr in sich hinein!

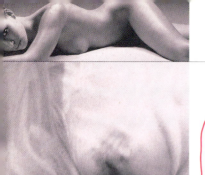

Beginnen Sie mit einer erfrischenden Dusche. Während Sie unter der Brause stehen, nehmen Sie mit geschlossenen Augen das warme Wasser wahr, das über Ihren Kopf und Körper rinnt. Erlauben Sie dem Wasser, alle Gedanken, die sich zwischen Ihr direktes körperliches Wahrnehmen und Empfinden schieben wollen, mit fortzutragen. Stellen Sie sich vor Ihrem inneren Auge deutlich die Umrisse Ihres Körpers vor. Gehen Sie gedanklich um ihn herum und betrachten ihn von allen Seiten. Öffnen Sie dann die Augen, und schauen Sie an sich hinunter. Ihre Arme, Ihre Hände, Ihre Brüste, Ihr Bauch, Beine und Füße: Was sehen Sie? Was fühlen Sie, wenn Sie sich anschauen? Gefällt Ihnen, was Sie sehen? Nehmen Sie Ihren ganzen Körper wahr, und berühren Sie ihn dabei sanft und liebevoll, wenn Sie möchten. Auch wenn es Ihnen ungewohnt erscheinen mag: Die Achtung, die Sie Ihrem Körper mit freundlichen Gedanken und Berührungen entgegenbringen, ist heilsame Nahrung für Ihren Körper und Ihre Seele. Beenden Sie Ihr Duschbad, wenn Sie genug haben.

EIN VERSÖHNLICHER BLICK IN DEN SPIEGEL

Wenn Sie sich abgetrocknet haben, betrachten Sie sich nackt im Spiegel. Wahrscheinlich werden Sie feststellen, daß es einfacher war, Ihren Körper direkt anzuschauen. Der Blick in den Spiegel ist meist gnadenloser. Versuchen Sie trotzdem, nicht in Ihr altes Kritikmuster zurückzufallen. Sie machen diese Übung, um etwas Neues zu entdecken!

Schenken Sie jeder Einzelheit Ihres Körpers Aufmerksamkeit, auch auf der Körperrückseite. Berühren Sie die jeweilige Körperpartie, und sprechen Sie Ihre Empfindungen und Gefühle dazu laut aus. Spüren Sie nach, welchen Einfluß jeder einzelne Bereich auf Ihr sexuelles Empfinden hat, und sprechen Sie auch dies laut aus.

Von Kopf bis Fuß ...

Beginnen Sie bei Ihrem Kopf. Ihr Gespräch vor dem Spiegel könnte so beginnen: »Ich finde mein Haar ganz in Ordnung. Es glänzt, und seine braune Farbe gefällt mir. Ich wollte, es wäre etwas dicker. Ich liebe es, wenn meine Kopfhaut massiert wird, das geht mir unter die Haut ...« Betrachten Sie dann die Form Ihres Gesichts, die Beschaffenheit Ihrer Haut, Ihre Augen, Nase, Ohren und Mund. Gehen Sie weiter zu Ihrem Oberkörper: »Ich mag meine großen Brüste, seitdem

Individuelles Körperbewußtsein ist kein starres Modell, sondern es entsteht – je nach Situation – ständig neu.

DER KÖRPER

es tolle BHs auch in meiner Größe gibt und ich mich beim Tanzen und beim Sport frei bewegen kann.« Oder: »Ich fange an, meine Brüste zu mögen, seit es mir nichts mehr ausmacht, daß sie klein sind. Ich finde es sehr erregend, wenn sie berührt werden. Ich trage gern Bodys und Blusen, die meine Brüste betonen. Ich fühle mich sinnlicher, wenn ich Seide oder weiches Leder auf meiner Haut spüre.«

Sprechen Sie mit jedem Körperteil. Welche Gefühle ruft das, was Sie sehen, in Ihnen hervor? Welchen Einfluß hat dies auf Ihre Sexualität? Gibt es Körperpartien, die Sie ausgelassen haben? Warum?

Betrachten Sie Ihren Körper nun noch einmal in seiner Gesamtheit, und drücken aus, welche Gefühle Sie jetzt mit Ihrem Erscheinungsbild verbinden. Schließen Sie die Übung ab, indem Sie sich mit Ihrer Lieblingslotion oder einem besonders wohlriechenden Körperöl salben. Genießen Sie es und berühren Sie Ihren Körper so, wie man etwas sehr Kostbares berührt.

Wiederholen Sie diese Übung von Zeit zu Zeit, um zu sehen, wie sich Ihre Wahrnehmung verändert. In dem Maß, in dem Sie sich mit Ihrem Körper anfreunden, wird auch Ihr Selbstbewußtsein als Frau wachsen, und Sie werden ganz nebenbei an natürlicher Ausstrahlung und Anziehungskraft gewinnen – denn jede Frau, die sich mit sich wohl fühlt, ist erotisch!

ENTDECKEN SIE IHR ZENTRALES LIEBES- UND LUSTORGAN

Mal ehrlich, wissen Sie genau, wie es da unten zwischen Ihren Beinen aussieht? Könnten Sie es beschreiben? Was für Männer völlig undenkbar ist, trifft auf erstaunlich viele Frauen zu: Sie haben ihr eigenes Geschlechtsorgan noch nie genau betrachtet und das von anderen Frauen schon gar nicht. Eigentlich merkwürdig, oder? Allemal haben viele Frauen eine ausgesprochen ambivalente Beziehung zu ihrem primären Geschlechtsorgan, ihrer Vulva oder Yoni. Und sehr oft fühlen sie sich verletzlich und etwas unbehaglich, wenn ihr Liebhaber diesen intimsten Bereich, den sie selbst nicht richtig kennen, erforscht. Sie mißtrauen ihm oft, wenn er ihnen versichert, daß sie wunderschön aussehen und sogar gut riechen und schmecken da unten. Kein Wunder! Als kleinen Mädchen wurde den meisten von uns doch nur beigebracht, daß wir uns unbedingt regelmäßig zwischen den Beinen waschen müssen, weil wir sonst stinken.

Achten Sie bei der Betrachtung im Spiegel unbedingt darauf, sich mit den liebevollen Augen des Inneren Geliebten zu betrachten!

Gestatten Sie es sich, eine sinnliche, liebenswerte Frau zu sein, die ihre Individualität entfaltet und diese als Pluspunkt zu schätzen weiß.

Ich möchte Sie jetzt zu einer Übung einladen, die Ihnen wahrscheinlich zuerst einmal ungewohnt erscheinen und Sie einige Überwindung kosten mag: die eingehende Betrachtung und Erforschung Ihrer Yoni. Sollten dabei Schamgefühle oder Unbehagen auftauchen, lassen Sie diese Gefühle zu; sie sind berechtigt. Werden Sie sich aber auch klar darüber, woher sie kommen: aus einer Kultur, die den weiblichen

DER KÖRPER

Geschlechtsorganen keine natürliche Achtung entgegenbringt. Die folgende Übung ist dazu gedacht, Sie mit der Einzigartigkeit und Schönheit Ihres weiblichen Lustorgans vertrauter zu machen.

DAS ZENTRUM IHRER LUST ERKUNDEN

Sorgen Sie dafür, daß Sie etwa eine gute halbe Stunde ungestört sind. Nehmen Sie zur Vorbereitung ein entspannendes Bad oder eine anregende Dusche, und kreieren Sie eine Atmosphäre, in der Sie sich wohl und geborgen fühlen: mit entspannender Musik, angenehmen Düften aus der Aromalampe oder wohlriechendem Räucherwerk.
Für die Übung brauchen Sie dann einen Handspiegel und – falls vorhanden – eine wasserlösliche Lotion (ölhaltige verstopfen die feinen Poren). Machen Sie es sich bequem, schieben Sie sich ein paar Kissen in den Rücken, so daß Sie gut aufrecht sitzen und vor sich in den Spiegel schauen können.
Wenn Sie diese Übung zum erstenmal machen, seien Sie neugierig wie ein Kind, unvoreingenommen und spontan. So wie jedes Gesicht, jeder Körper anders aussieht, gibt es eine breite Vielfalt von Formen, Größen, Farben, Gerüchen und Geschmäckern der Yoni. Keine Frau ist wie eine andere.

DER DUFT DER FRAU

Legen Sie eine oder beide Hände über Ihre Yoni. Schließen Sie für einen Moment die Augen und erspüren Sie sie. Was nehmen Sie wahr? Die Wärme zwischen Ihren Beinen, die Wärme Ihrer Hände, die Wärme Ihrer Yoni? Vielleicht können Sie nach einer Weile ein Pulsieren spüren. Lassen Sie sich Zeit, und nehmen Sie zwischendurch auch immer wieder bewußt Ihren Atem wahr.
Riechen Sie einmal an Ihrer Hand. Welcher Duft hat sich in der Haut verfangen? Ist er süßlich, erdig, moosig, fischig, herb oder würzig? Oder riechen Sie nur Ihr Deo?
Nehmen Sie jetzt Ihren Handspiegel und schauen Ihre Yoni an. Nehmen Sie sie erst einmal in ihrer Gesamtheit wahr. Was ist ganz spontan Ihr erster Eindruck, taucht ein Wort oder ein Gefühl auf? Sind Sie erstaunt? Beschreiben Sie für sich, was Sie sehen: die Form, die Farbe, die Größe, die Hautstruktur.
Wenn Sie sich wohl fühlen beim Betrachten Ihrer Yoni, möchten Sie sich vielleicht als nächstes berühren. Beginnen Sie mit dem Venus-

Lustvolle Namen für Ihr Liebesorgan: Heiliger Ort, Jadegemach, Jadetor, Lotos, Lustgrotte, Lyra, Muschel, Purpurkammer, Tal der Freude, Vulva, Yoni, Zinnoberspalte

Probieren Sie auch, wie Ihre Yoni schmeckt, und beschreiben Sie für sich, welche Gefühle dieser Geschmack in Ihnen hervorruft. Viele Frauen sind überrascht von dem angenehmen Geschmack.

hügel und den Haaren. Lassen Sie Ihre Finger hindurchgleiten, und ertasten Sie den gebogenen Knochen des Venushügels. Wie fühlt sich Ihr Yonihaar an? Ist es dicht oder dünner, welche Farbe hat es?

Bewegen Sie Ihre Finger hinunter zu den äußeren, größeren Schamlippen, die die inneren kleinen schützen. Ertasten Sie dann die inneren Schamlippen; bei einigen Frauen sind sie ganz durch die äußeren bedeckt, bei anderen drängen sie dazwischen hervor. Manchmal sind sie auch geteilt wie die Flügel eines Schmetterlings. Farbe und Beschaffenheit der inneren Schamlippen sind sehr unterschiedlich. Das Farbspektrum reicht von hellrosa über dunkelrot bis hin zu tiefviolett oder bräunlich. Die kleinen, inneren Schamlippen setzen am oberen Rand des Klitorisschaftes an, bei einigen Frauen auch weiter unten, direkt unter der Klitoris. Fassen Sie einmal vorsichtig den Schaft an. An seiner Spitze verbirgt sich unter einer Hautfalte der äußere Teil der Klitoris, die Perle wie unter einer Kapuze. Ziehen Sie diese Kapuze zurück, und betrachten Sie Ihre Klitoris.

Bei einigen Frauen scheint die Klitoris mit der Kapuze zusammengewachsen zu sein. Bei anderen Frauen lassen sich deutlich Schaft, Perle und Kapuze unterscheiden. Auch die Größe der Perle und ihr Abstand zum Eingang der Yoni variiert von Frau zu Frau.

Beenden Sie diese Übung, indem Sie Ihre Yoni noch einmal in ihrer Gesamtheit betrachten. Lehnen Sie sich zurück und schließen die Augen. Legen Sie die Hände wieder über Ihre Yoni und lassen sich dabei in Ihren Atemfluß hineingleiten. Schicken Sie mit Ihrem Atem und durch die Hände freundliche Gedanken an Ihre Yoni.

EIN PAAR FRAGEN ZUM ABSCHLUSS

- Wie haben Sie sich gefühlt, als Sie Ihre Yoni betrachtet haben?
- Was mochten Sie an Ihrer Yoni?
- Was war Ihnen fremd oder was hat Sie überrascht?
- Hat sich Ihr Verhältnis zu Ihrer Yoni durch diese eingehende Betrachtung verändert?

Wenn Sie sich noch nicht so ganz über Ihre Gefühle in bezug auf Ihre Yoni im klaren sind, dann betrachten Sie dies als Anfang. Manche Entdeckung braucht Zeit. Aber glauben Sie mir: Sie werden sich

DER KÖRPER

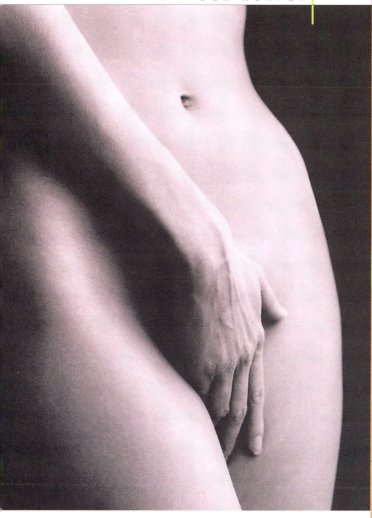

Viele Frauen fühlen sich beim Betrachten Ihres Liebesorgans an Bilder aus der Natur erinnert und vergleichen es mit einer Rose oder Lilie.

mit Ihrer Yoni, diesem wunderbaren Instrument der Liebe und Lust, wohler fühlen, wenn Sie sich näher mit ihr vertraut machen. Überlassen Sie die Entdeckung Ihres Lustorgans nicht länger nur mehr oder weniger wissenden Liebhabern!

Versuchen Sie, diese Übung öfter zu wiederholen, um eine gute Verbindung zu Ihrer weiblichen Kraftzenrale aufzubauen. Nehmen Sie immer wieder einmal Kontakt zu Ihrer Yoni auf, sei es in Gedanken, indem Sie ihr Bild vor Ihrem inneren Auge entstehen lassen, oder durch eine Berührung. Sie werden sehen, es wird Ihnen guttun und sehr dabei helfen, mehr Freude an Ihrer Sexualität zu haben.

DER VENUS CODE

Ihren persönlichen Venus-Code zu entschlüsseln heisst nichts anderes, als zu entdecken, *was Ihnen guttut* und erotisierend auf Sie wirkt. Ihre *fünf Sinne* und die sieben Venusschlüssel werden Ihnen dabei helfen.

ICH BIN DIE QUELLE MEINER LUST

DER VENUS-CODE ÖFFNET IHNEN DIE TORE ZU IHRER WEIBLICHEN, GANZ INDIVIDUELLEN LIEBES- UND LEBENSLUST – SIE MÜSSEN IHN NUR FREILEGEN UND AKTIVIEREN. WICHTIGE WERKZEUGE DAZU SIND DIE VENUSSCHLÜSSEL: SELBSTLIEBE, SELBSTVERTRAUEN, UNVOREINGENOMMENHEIT, KOMMUNIKATION, BEWEGUNG UND – NICHT ZULETZT – DIE ATMUNG.

IHR PERSÖNLICHER CODE ZUR LUST

Der Venus-Code ist nichts Mysteriöses und auch keine besondere Liebestechnik. Er ist vor allem auch nichts Allgemeingültiges, denn jede Frau hat ihren eigenen Code, ihren ganz individuellen Schlüssel zur Lust. Und genau den gilt es in diesem Kapitel zu entdecken.

Wie kommen Sie in Kontakt mit den Quellen Ihrer Sexualität und Ihrer Liebesfähigkeit? Was können Sie tun, um lust- und liebesfähiger zu werden? Wir werden uns den Antworten auf diesen Fragen in drei Stufen nähern.

Zunächst möchte ich Ihnen sieben Venusschlüssel an die Hand geben, die sozusagen das Werkzeug für die Entdeckung Ihrer Sinnlichkeit darstellen. Danach geht es um die Aktivierung Ihrer fünf Sinne und um die genaue Erkundung Ihrer lustbegabten Zonen und Liebesorgane. Und zum Abschluß – und Höhepunkt? – dieses Kapitels kommen wir zum Orgasmus.

VENUSSCHLÜSSEL

Mit den Venusschlüsseln, einem vielseitigen und eigentlich ganz einfachen Instrumentarium, können Sie die Tore zur Quelle Ihrer Lust öffnen. Stellen Sie sich diese Quelle als etwas sehr Kostbares vor, mit dem Sie achtsam umgehen. Wundern Sie sich nicht, und nehmen Sie es sich vor allem nicht übel, wenn Ihre Lust sich weit in verborgene Winkel Ihres Körpers und Ihrer Gefühle zurückgezogen hat oder nur noch auf Sparflamme brennt. Wenn Sie sie lange mißachtet oder unterdrückt haben, müssen Sie ihr schon ein bißchen Zeit lassen, um zu wachsen. Die Venusschlüssel sind ein hervorragendes Werkzeug, das Sie allein für sich oder auch im Zusammenhang mit Partner-

Ihren ganz persönlichen Code zur Lust zu entschlüsseln, darin liegt das Geheimnis einer erfüllenden Sexualität.

übungen nutzen können – damit Ihr Liebeserleben wieder reicher, lustvoller und lebendiger wird.

1. VENUSSCHLÜSSEL: SELBSTLIEBE

Der erste Venusschlüssel ist die Selbstliebe: Sagen Sie ja zu sich selbst, hier und jetzt, ohne Wenn und Aber. Erinnern Sie sich an die Ja-Nein-Übung im zweiten Kapitel (Der Körper – Instrument der Liebe und der Lust, Seite 60) und ihre Auswirkungen auf Ihr gesamtes Befinden? Beobachten Sie sich einmal in ganz alltäglichen Situationen, beim Teetrinken, Einkaufen oder Zähneputzen. Wie gehen Sie mit sich um? Zollen Sie sich den Respekt und die Liebe, die Sie von anderen erwarten? Selbstliebe heißt, sich anzunehmen – von ganzem Herzen.

Zur Selbstliebe gehört allerdings auch, ab und zu deutlich nein zu sagen: gegenüber Anforderungen und Erwartungen von außen, die Sie nicht erfüllen können oder wollen, gegenüber Verhaltensweisen anderer, die Ihnen nicht guttun, und nicht zuletzt zu Ihren eigenen inneren Programmen und Gewohnheiten, die nicht mehr förderlich sind. Manchmal bedeutet ein Nein deshalb auf einer anderen Ebene ein Ja zu sich selbst.

Üben Sie sich in Selbstliebe, denn Selbstliebe bringt Klarheit und Konsequenz in jedem Augenblick.

HERZMEDITATION

Dies ist eine der ältesten Meditationstechniken, die, 10 bis 15 Minuten täglich praktiziert, mit Hilfe von Selbstliebe Leid und Zweifel transformiert, das heißt auflöst.
Sitzen Sie in entspannter, aufrechter Haltung. Stellen Sie sich vor, wie Sie mit der Einatmung alles persönliche Leid, allen Schmerz, alle Ablehnung, alle Negativität und Dunkelheit in Ihr Herz fließen lassen. In die Ausatmung lassen Sie dann Ihre ganze Liebe und Freude einströmen und hüllen sich von oben bis unten damit ein. So erleben Sie die transformierende Kraft der Liebe. Aller Schmerz, alles Leid löst sich auf, denn die Liebe ist stärker als sie.

2. VENUSSCHLÜSSEL: SELBSTVERTRAUEN

Denken Sie für einen Moment an eine schwierige Situation aus der nahen Vergangenheit – vielleicht wollten Sie Ihrem Partner etwas sehr Intimes von sich mitteilen oder ihm eine Frage stellen, die Ihnen am Herzen lag. Fiel es Ihnen leicht oder haben Sie sich zurückgenommen? Haben Sie alles gesagt, was Sie sagen wollten, oder hatten Sie Angst, abgelehnt oder enttäuscht zu werden, und haben deshalb geschwiegen oder nur die Hälfte der Wahrheit ausgesprochen?
Der Venusschlüssel Selbstvertrauen basiert auf der Selbstliebe. Wenn Sie zu sich selbst stehen, werden Sie klarer und konsequenter in jedem Augenblick. Selbstvertrauen zu entwickeln ist freilich ein langsamer Prozeß. Gerade Frauen haben es oft nicht gelernt, zu ihrer eigenen Wahrnehmung zu stehen und sie nach außen zu vertreten.

Ein gesundes Selbstvertrauen ist wichtig, um eine Partnerschaft lebendig zu halten. Es ist ein Schlüssel zu Ihrem Code der Lust und Liebe.

VERTRAUEN IN DIE EIGENE WAHRNEHMUNG

Wenn Sie Vertrauen in Ihre eigene Wahrnehmung entwickeln, schließt das Ihre Befürchtungen und Ängste mit ein. Seine Wahrnehmung ausschließlich im Bereich der positiven und angenehmen Erfahrungen und Gefühle zu entwickeln kann nicht funktionieren, und das ist auch gut so. In dem Maß nämlich, indem Sie Ihre Befürchtungen und Ängste bewußt wahrnehmen, verlieren sie die Macht, die sie oft gerade dadurch haben, daß wir sie nicht wahrhaben wollen.

3. VENUSSCHLÜSSEL: UNVOREINGENOMMENHEIT

Der dritte Venusschlüssel ist die Unvoreingenommenheit. Viele Erwachsene bewegen sich nur noch innerhalb eines gesellschaftlich definierten Rahmens, der unzählig viele Bewertungen, Normen und Konventionen enthält. Das schafft zwar eine vermeintliche Sicherheit, verhindert aber neue Erfahrungen, die jenseits des »erwünschten« Verhaltens liegen. Gerade im Hinblick auf Liebe und Erotik ist dies sehr einschränkend, denn sie leben von Spontanität und Unbefangenheit, von der Freude daran, auch Unkonventionelles auszuprobieren.

UNVOREINGENOMMENHEIT KULTIVIEREN

Eignen Sie sich die Neugier und Entdeckungsfreude eines Kindes wieder an – immer bereit, etwas Neues auszuprobieren und Wunder geschehen zu lassen.

Gehen Sie nicht davon aus, daß Sie sich oder Ihren Partner schon in- und auswendig kennen. Dadurch reproduzieren Sie ungewollt immer wieder dieselben Verhaltensmuster. Versuchen Sie statt dessen, sich unvoreingenommen aufeinander einzulassen. Das ist zwar manchmal verunsichernd, hält aber die Liebe und die Erotik jung.

Ein kleiner Tip zum Ausprobieren: Verabreden Sie sich mit Ihrem Partner in einem Café, einer Bar oder einem Theater, und tun Sie so, als ob sich zum ersten Mal sehen und sich zueinander hingezogen fühlen würden. Das kann sehr prickelnd sein.

Befreien Sie sich mit dem Venusschlüssel der Unvoreingenommenheit von überholten und zu eng gewordenen Vorstellungen, und geben Sie Ihrer Lebendigkeit eine Chance. Gegen Langeweile, Unlust, Interesselosigkeit und Resignation ist Unvoreingenommenheit eine der wirksamsten Waffen, denn Sie zeigt Ihnen neue Seiten an sich selbst und Ihrem Partner.

Beginnen Sie Ihr Liebesspiel einmal anders als sonst, streicheln und küssen Sie Ihren Partner auch an anderen Stellen als den gewohnten, lieben Sie sich nicht immer nur im Bett, zeigen Sie sich ihm in irgendeinem neuen erotischen Outfit. Tun Sie, was immer Ihre Phantasie beflügeln, Ihnen Lust machen und Ihren Partner – ebenso wie Sie selbst – überraschen könnte.

Wenn wir uns nicht aus alten Gewohnheiten lösen und unsere Vorbehalte aufgeben, wie sollen da Spontaneität und Freude aufkommen – beides wichtige Voraussetzungen für eine erfüllte Partnerschaft?

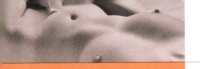

4. VENUSSCHLÜSSEL:
DER STIMME AUSDRUCK VERLEIHEN

Seiner Stimme freien Lauf zu lassen, seinen Gefühlen stimmlich Ausdruck zu verleihen ist etwas sehr Befreiendes, das wir uns viel zu selten erlauben. Beobachten Sie bei der nächsten Gelegenheit einmal Kinder beim Spielen. Es wird Ihnen wahrscheinlich auffallen, daß Kinder oft ohne sichtbaren äußeren Anlaß jauchzen, quietschen, kreischen, pfeifen und jubeln – einfach als Ausdruck ihrer Lebensfreude und aktuellen Gefühlslage. Auch Sie haben dies als Kind sicherlich getan, doch im Zuge des Erwachsenwerdens haben Sie, wie wir alle, gelernt, Ihre spontanen Gefühle nicht mehr unmittelbar auszudrücken, sondern vieles herunterzuschlucken.

Gerade für die Liebe wäre es aber sehr viel förderlicher, wenn Sie Ihre Gefühle und Empfindungen wieder spontan äußern könnten: Erlauben Sie sich, zu seufzen, zu weinen, zu stöhnen und zu schreien. Genießen Sie Ihre Lust nicht nur lautlos – es wird Sie erleichtern und Ihr Partner bekommt außerdem mehr davon mit, was Sie fühlen. Auch das bedarf am Anfang einer gewissen Überwindung, keine Frage. Vielleicht üben Sie es erst einmal alleine indem Sie sich eine lustvolle Bauchmassage geben und nach Herzenslust seufzen und stöhnen.

LUSTVOLLE BAUCHMASSAGE

Stellen Sie ein wohlduftendes Massageöl bereit, und legen Sie sich bequem aufs Bett oder Sofa. Lassen Sie Ihre Hände für einen Augenblick auf Ihrem Bauch ruhen, und schließen Sie die Augen. Nehmen Sie dann mit Ihrer Atmung Kontakt auf, und atmen Sie durch den leicht geöffneten Mund ein und aus.
Beginnen Sie nun, Ihren Bauch sanft und liebevoll zu berühren und zu streicheln, und gehen Sie langsam dazu über, ihn kräftiger mit den Handballen zu massieren und mit den Händen zu kneten. Verwenden Sie dazu etwas Massageöl.
Beginnen Sie nach einer Weile, ganz bewußt Töne aus dem Bauch aufsteigen zu lassen, die durch die Massage »freigesetzt« werden. Ihre Stimme darf dabei immer deutlicher und kraftvoller werden. Spüren und genießen Sie es, wie Ihre Lust und Ihre Stimme aus Ihrem immer lebendiger werdenden Bauch aufsteigen!

Massieren Sie und ein Partner sich gegenseitig. Vereinbaren Sie, daß der passive Partner so viele Geräusche wie möglich von sich gibt. Das kann eine sehr sinnliche und auch humorvolle Angelegenheit sein.

5. VENUSSCHLÜSSEL: KOMMUNIKATION

Ein ebenfalls sehr wichtiger Venusschlüssel ist die Kommunikation. Klärende Gespräche, vertraute Zwiegespräche, in denen Sie Ihre sinnlichen und sexuellen Wünsche sprachlich ausdrücken, sind eine Kunst, die zu erlernen sich wirklich lohnt. Die meisten von uns sind freilich mit dem Mythos aufgewachsen, daß man über »solche Dinge« nicht spricht und daß uns der Traumprinz unsere Wünsche von den Augen oder sonstwo abzulesen hat. Es ist deshalb kein Wunder, wenn es Ihnen schwerfällt, diesen Schritt zu machen. Und trotzdem: Fassen Sie sich ein Herz! Wagen Sie's!

Da wir in solchen Gesprächen zumeist nicht geübt sind, ein paar Tips dazu: Beginnen Sie das Gespräch nicht mitten in der Nacht, wenn Sie beide schon todmüde sind, und auch nicht in einer Situation, in der der Haussegen ohnehin schon schief hängt. Sagen Sie Ihrem Partner, daß Sie mit ihm über ein bestimmtes Thema sprechen wollen, und vereinbaren Sie einen Zeitpunkt, der für Sie beide stimmig ist.

Eher ungünstig und wenig vielversprechend ist es, ein solches Gespräch zu beginnen mit: »Mit dir habe ich noch nie einen Orgasmus erlebt!« oder ähnlichem, das den Partner brüskiert und verletzt. Seien Sie feinfühlig und vermeiden Sie es auf alle Fälle, ihm Vorwürfe zu machen oder ihm das Gefühl zu vermitteln, er sei ein schlechter Liebhaber.

Überrumpeln oder zwingen Sie Ihren Partner nicht zu einem Zwiegespräch. Animieren Sie ihn lieber, indem Sie selbst anfangen, Ihre Gedanken und Gefühle auszusprechen.

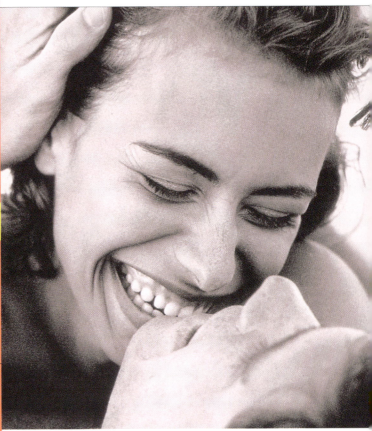

Zwiegespräche sind eine wunderbare Möglichkeit, Offenheit, Intimität und Nähe zu schaffen.

Ein intimes Gespräch könnte so beginnen: »Ich genieße es, mit dir zu schmusen und zu schlafen. Dadurch daß ich mich mehr mit mir selbst beschäftigt habe, bin ich sensibler für meine Bedürfnisse geworden. Ich möchte dir heute von meinen neuen Erfahrungen erzählen, die ich mit mir, mit der Liebe und Lust – und mit dir mache.«

GRUNDREGELN DES ZWIEGESPRÄCHS

Jeder spricht nur über sich – seine Gedanken, Gefühle, Ängste und Bedürfnisse.
- Es werden keine Fragen gestellt und keine Belehrungen oder Beschuldigungen ausgesprochen.
- Man vereinbart vor dem Zwiegespräch einen festen Zeitrahmen, zum Beispiel spricht jeder 20 bis 30 Minuten, dann ist der andere dran.

Bedanken Sie sich zum Abschluß des Gesprächs bei Ihrem Partner dafür, daß er Ihnen zugehört hat. Erwarten Sie nicht unbedingt, daß er Ihnen auch gleich sein Herz ausschüttet – Männer sind in der Kommunikation ihrer Gefühle und Wahrnehmungen anders. Wenn Ihr Partner jedoch offen dafür ist, könnten Sie ihm die Form des Zwiegesprächs, wie Michael Lukas Moeller sie entwickelt hat (siehe auch Literaturtips, S. 154), vorschlagen.

6. VENUSSCHLÜSSEL: BEWEGUNG

Nach einem solchen Zwiegespräch kann der sechste Venusschlüssel von großem Nutzen sein. Bringen Sie Ihre Energie wieder in Fluß – tanzen Sie oder machen Sie einen Spaziergang in der Natur. Durch Bewegung halten Sie Ihren Körper vital und erhöhen seinen Energiefluß.

Und ein Körper, in dem die Lebensenergie frei fließen kann, ist um ein Vielfaches empfänglicher für Berührungen und Zärtlichkeiten. Doch oft ist diese Energie durch unterdrückte Gefühle und Gedanken blockiert, die sich im Körper in Form von Spannungen niederschlagen. Um Energiestaus aufzulösen und unsere Lebensenergie in Bewegung zu halten, ist es daher unschätzbar wichtig, unsere Gefühle und Gedanken nicht nur auszusprechen, sondern auch in Bewegung auszudrücken. Eine gute Möglichkeit dafür bietet beispielsweise der Chakren-Tanz (Seite 126). Erlauben Sie sich auch im Liebesspiel, mit Ihrem ganzen Körper auszudrücken, was Sie fühlen.

Der Psychologe Wilhelm Reich sprach von einem Körperpanzer, der durch unterdrückte Gefühle und Gedanken entsteht und unsere Lustfähigkeit und Lebensfreude einschränkt. Dagegen hilft Bewegung.

BEWEGUNGS-CHECK

Stellen Sie sich die folgenden Fragen, um herauszufinden, ob und warum Sie unter Bewegungsmangel leiden.
- Was hält Sie davon ab, sich zu bewegen?
- Was motiviert Sie, sich zu bewegen?
- Welche Art von Bewegung macht Ihnen am meisten Spaß?
- Halten Sie Ihre Bewegung für ausreichend?

Wenn nein: Was kann Sie dazu bewegen, sich mehr zu bewegen? Überlegen Sie sich ein kleines Programm für mehr Bewegung, das Ihnen Spaß macht. Welchen Sport wollten Sie schon immer einmal ausprobieren, welchen Berg besteigen, welchen Tanz erlernen? Fangen Sie gleich jetzt damit an!

7. VENUSSCHLÜSSEL: ATMUNG

Für alle Venusschlüssel brauchen Sie etwas, das wir alle so gern vergessen: den Atem. Die Atmung ist das universelle Lebenselixier für Ihren Körper und Ihre sinnliche Wahrnehmung – es ist purer Treibstoff, sozusagen SuperPlus für Ihr gesamtes System. Mit Ihrer Atmung nehmen Sie direkt und nachhaltig Einfluß auf Ihren Körper, auf Ihr seelisches wie geistiges Wohlbefinden und so natürlich auch auf Ihre sexuelle Erlebnisfähigkeit. Und noch etwas Wunderbares lehrt Sie der Atem – er bringt Sie augenblicklich ins Hier und Jetzt. Wenn Sie sich immer wieder mal zwischendurch auf Ihren Atem konzentrieren, können Sie leicht und mühelos den unendlichen Strom der Gedanken stoppen, der sonst immer wieder verhindert, daß Sie das wahrnehmen, was genau jetzt passiert.

In vielen Gesundheitssystemen spielt die Atmung eine wichtige Rolle. Allein das Bewußtsein auf den Atemfluß zu richten bringt positive Effekte für Gesundheit und Wohlbefinden.

BEWUSSTE ATMUNG

Warum ist die Atmung gerade für das Erleben und Entwickeln von Sinnlichkeit und Sexualität so bedeutsam?
Durch bewußte und tiefere Atmung nimmt Ihr Körper mehr Sauerstoff auf; dadurch werden der Stoffwechsel sowie die Blut- und Energiezufuhr zu allen lebenswichtigen Organen angeregt. Das macht Sie umfassend lebendiger und damit auch aufmerksamer und empfänglicher für Ihre erotischen und sexuellen Bedürfnisse.
Je nach Atemtechnik können Sie den Körper entspannen – zum Beispiel indem Sie tief in den Bauch atmen – oder energetisch aufladen, indem Sie schnellere und kürzere Atemzüge durch den Mund machen. Probieren Sie es einfach mal aus.

DIE SCHLÜSSEL LIEGEN IN IHRER HAND

Es liegt in Ihren Händen, die Venusschlüssel dafür einzusetzen, Ihre innerste Lustquelle (wieder-)zu entdecken. Wie Sie mit diesen Schlüsseln vertrauter werden und in welchen Situationen Sie sie gezielt einsetzen können, dazu finden Sie noch zahlreiche Anregungen in diesem und im nächsten Kapitel. Darüber hinaus sind die Venusschlüssel sinnliche, nützliche Werkzeuge im Alltag, die Sie wunderbar dabei unterstützen, mit Ihrem lustvollen Frausein in Verbindung zu bleiben.

QUELLE DER LUST

ZEIT – LUST- UND LUXUS-FAKTOR

Im Zusammenhang mit den Venusschlüsseln darf ein wichtiger Punkt nicht vergessen werden, da er eine Grundvoraussetzung für die Entdeckung von Sinnlichkeit darstellt: Zeit! Die meisten von uns verplanen ihre Tage mit unzähligen Terminen, Zeit für Lust und Liebe wird jedoch selten gezielt eingeplant. Irgendwie gehen wir davon aus, daß dieser wichtige Teil unseres Lebens »so zwischendurch« stattfinden müsse. Doch solange wir uns nicht klarmachen, daß gerade auch unser Liebesleben Zeit und Raum braucht, wird sich unsere Lust kaum hinterm Ofen hervorlocken lassen.

VENUSZEIT

Planen Sie Tage ein, die nur Ihnen gehören: Venustage. Das können eher stille Tage sein, an denen Sie mehr nach innen als nach außen lauschen, Tage, an denen Sie sich etwas Außergewöhnliches gönnen oder auch etwas ganz Alltägliches machen – mit dem Unterschied, daß Sie es ganz bewußt für sich tun. Kultivieren Sie Ihre Freude am Schönen in der Natur, in einem Konzert, in einer Ausstellung.
Sie können Ihre Venustage natürlich auch mit anderen Frauen verbringen – tun Sie nur etwas, das Ihre Lust und Freude, vor allem aber Ihre Weiblichkeit unterstützt. Besuchen Sie gemeinsam ein Dampfbad oder eine Sauna, verwöhnen Sie sich mit besonderen, vielleicht sogar selbst hergestellten Massage- oder Körperölen.

LIEBESTAGE

Richten Sie solche Tage auch gemeinsam mit Ihrem Partner ein. Sie können das »Programm« gemeinsam gestalten. Schöner ist es aber eigentlich, wenn Sie sich damit abwechseln. Das bringt mehr Spannung, und es entsteht wahrscheinlich mehr Neues daraus. Gestalten Sie Ihre Liebestage mit viel Körper und Seele, Liebe und Lachen! Das wird Ihnen und Ihrem Liebesleben gut bekommen!
Auch wenn Männer sich gern erst einmal spröde geben, wenn es um Romantik geht, sind sie doch empfänglich für ein sinnliches Ambiente. Vielleicht möchten Sie Ihrem Partner ja auch einmal wieder ganz direkt zeigen, daß er es ist, den Sie wollen, daß er Sie nach wie vor anturnt. Der Spieltrieb im Mann und natürlich auch Ihr eigener sind hier die besten Ratgeber. Drum sagt man in Amerika auch so schön: »Couples who play together stay together.«

Beginnen Sie die Zeit, die Sie haben, als Reichtum zu verstehen. Tragen Sie die Liebestage und Ihre Venuszeit in Ihren Terminkalender ein, wie Sie es auch mit anderen wichtigen Terminen tun.

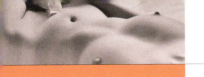

WO DIE LUST ZU HAUSE IST

SINNLICHKEIT IST UNTRENNBAR VERBUNDEN MIT SINNESWAHRNEHMUNGEN, MIT RIECHEN, SCHMECKEN, HÖREN, SEHEN UND SPÜREN. WENN SIE IHRE SINNLICHEN BEDÜRFNISSE ENTDECKEN MÖCHTEN, SOLLTEN SIE DESHALB IHRE FÜNF SINNE SENSIBILISIEREN, BEVOR SIE SICH GEZIELT DEN LUSTBEGABTEN KÖRPERZONEN UND LIEBESORGANEN ZUWENDEN.

FÜNF SINNE FÜR DIE LUST

Ohne Sinneswahrnehmungen tut sich gar nichts in Sachen Sinnlichkeit. Die fünf Sinne sind so etwas wie Tore zum Erleben der Lust. Die meisten Informationen, die wir über unsere Sinnesorgane erhalten, verarbeiten wir unbewußt, obwohl sie sehr stark beeinflussen, wie wir empfinden und handeln – gerade auch im Kontakt mit anderen Menschen. Wir können jemanden »nicht riechen« oder haben »die Nase voll« von ihm; uns »zergeht etwas auf der Zunge«, während uns in einer anderen Situation »der Appetit vergeht«.

Unsere Sinneswahrnehmungen stehen in engem Zusammenhang mit unseren Gefühlen. Manchmal können uns Gerüche, Töne oder ein Geschmack ganz unvermittelt in eine längst vergangene Situation zurückversetzen. Wir sind dann plötzlich glücklich oder traurig – je nachdem, woran uns die Sinneseindrücke erinnern. Das passiert in den meisten Fällen ohne unser Zutun. Wir können es aber auch steuern und uns bewußt zum Beispiel durch Düfte oder Musik in bestimmte Stimmungen versetzen.

An dieser Stelle geht es mir vor allem darum, Sie mit Ihren Sinnesorganen in Kontakt zu bringen und Sie dazu zu motivieren, ihnen mehr Aufmerksamkeit zu schenken. Das bringt mehr Sinnlichkeit in Ihr gesamtes Leben und läßt nicht nur das Liebesspiel – aber natürlich auch dieses – lebendiger und spannender werden.

LASSEN SIE SICH BERÜHREN!

Den wenigsten Menschen ist bewußt, wie wichtig, ja unverzichtbar körperliche Berührung für unser Leben ist. Babys können trotz ausreichender Ernährung und Pflege sogar sterben oder schwere Entwicklungsschäden davontragen, wenn sie nicht genügend taktile Reize

Vollkommenes sexuelles Vergnügen entsteht aus der Wechselwirkung zwischen Ihren körperlichen Empfindungen und Ihren Gedanken, Gefühlen und Einstellungen.

WO DIE LUST ZU HAUSE IST

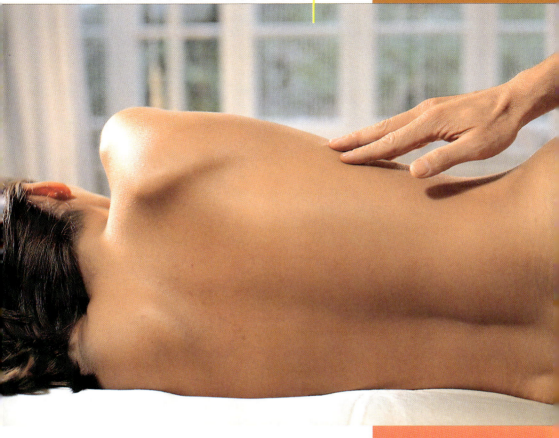

erfahren, also angefaßt und gestreichelt werden. Aber auch Erwachsene leiden – oft unbewußt – unter einem Mangel an Körperkontakt, denn zärtliche Berührungen sind heilsam für Körper und Seele und tragen in jedem Lebensalter dazu bei, daß wir uns angenommen und geliebt fühlen. Berührungen finden zwar auf der Haut statt, gehen uns jedoch sehr oft unter die Haut, berühren auch unsere Seele. Psychologisch betrachtet entspringt der Wunsch, berührt zu werden, in erster Linie dem Bedürfnis, sich selbst wahrzunehmen – zu fühlen, daß ich bin. Wahrscheinlich haben Sie auch schon einmal bei einer Massage oder beim Liebesspiel die Erfahrung gemacht, daß es Stellen und Empfindungen an Ihrem Körper gibt, die Sie davor gar nicht kannten. Manche Menschen haben eine so verkümmerte Körperselbstwahrnehmung, daß ihnen nur noch extreme Signale des Körpers wie Schmerz oder Taubheit bewußt werden. Fast jeder aber hat mehr oder weniger viele blinde Flecken in seiner Wahrnehmung und damit

»Berühren, Haut auf Haut, da begegnen sich die Seelen.«

(Michael Dorris)

auch einen eingeschränkten Zugang zu seiner Sinnlichkeit, seiner Erotik und Sexualität.

Wenn Sie das Gefühl haben, daß Ihnen mehr Körperkontakt guttäte, sollten Sie dem unbedingt nachgehen. Vereinbaren Sie mit Ihrem Partner oder auch mit einer Freundin einen Massage-Abend oder lassen Sie sich ab und zu von einem Profi eine Behandlung geben. Sie werden feststellen, daß Sie immer sensibler werden und immer genauer wissen, was Ihnen guttut und was nicht, je häufiger Sie sich solche Berührungskontakte gönnen. Eine gesteigerte Sensibilität für alle Berührungen ermöglicht natürlich auch, daß Sie feinere Zusammenhänge zwischen bestimmten Berührungen und Ihrem erotischen Lustempfinden begreifen und so auch Ihrem Partner detaillierter mitteilen können, was Ihnen gefällt.

EIN DUFT LIEGT IN DER LUFT

Gerüche lösen Gefühle aus, nichts anderes besagt der Ausdruck »jemanden nicht riechen können«. Und gerade in Lust und Liebe spielt der Geruch eine wichtige Rolle. Der individuelle Sexualduft, der durch die körpereigenen Duftstoffe – Pheromone – entsteht, ist ein wichtiger Bestandteil dessen, was eine Frau erotisch anziehend macht.

Der Geruch eines anderen Menschen kann sexuell erregend wirken wie auch das Gegenteil bewirken. Schon im ersten Moment einer Begegnung entscheidet die Duftwolke, die jeder um sich trägt, über Anziehung oder Abstoßung. Dies geschieht ohne daß wir uns dessen bewußt werden. Ändern können wir allemal nichts daran. Der Geruchssinn ist nicht zu täuschen, und selbst durch Parfums hindurch bleibt immer ein Rest »Originalgeruch« übrig, der unsere Reaktionen beeinflußt. Gerüche lösen bestimmte Gefühle aus, aber auch umgekehrt. Starke Erregung, Streß oder Angst führen jeweils zu einem ganz spezifischen Körpergeruch.

Düfte können aber auch verführen, stimulieren oder heilen – ein Wissen, das sich die beispielsweise die Aromatherapie zunutze macht. Wenn Sie eine Duftlampe und verschiedene Aromaöle besitzen, haben Sie sicher schon die Erfahrung gemacht, daß verschiedene Düfte unterschiedliche Wirkungen auf Sie haben. Experimentieren Sie doch in nächster Zeit ganz bewußt mit Düften. Setzen Sie Aromaöle oder Räucherstäbchen gezielt ein, riechen Sie an Blumen, genießen Sie den Duft Ihres Kaffees, nehmen Sie die Welt über die Nase wahr.

Um sinnliche Akzente zu setzen, bieten sich die folgenden Aromaöle für die Duftlampe an: Rose, Patschuli, Ylang-Ylang, Jasmin, Vanille.

DER KLANG DER LUST

Es gibt warme, sonore Stimmen, die uns dahinschmelzen lassen, klare, helle Stimmen, deren Klang Ehrlichkeit signalisiert, oder auch solche, die so metallisch-hart oder schrill klingen, daß uns ganz kalt wird. Unabhängig davon, was jemand sagt, hat der Klang seiner Stimme eine starke Wirkung auf uns.

Die erotisierende Wirkung der Stimme, Liebesgeflüster, zärtliche Worte, die wir ins Ohr gehaucht bekommen, das gewisse Etwas in der Stimme eines Mannes: all das nehmen wir über unseren Hörsinn auf. Die Empfindungen, die beispielsweise ein Wort in uns auslöst, gehen jedoch viel weiter. Vielleicht läuft uns ein Schauer über den Rücken, unser Herz öffnet sich, und wir spüren ein erregendes Prickeln im Bauch ...

Natürlich funktioniert es auch umgekehrt: Durch die Stimme können wir – manchmal auch ohne viele Worte - ausdrücken, worauf wir Lust haben und was uns Spaß macht. Wie hört sich weibliche Lust an? Beim Lieben geräuschvoll zu sein und die Stimme zu gebrauchen sind direkte Äußerungen der Lust. Aber was mögen wohl die Nachbarn über Sie denken, wenn Sie zu laut stöhnen? Gehören Sie zu den Frauen, die aus Scham ganz still und leise sind, oder zu denen, die meinen, möglichst laut stöhnen zu müssen, um ihren Partner davon

Finden Sie heraus, welche Musik Sie erotisch anmacht. Sie können Sie dann wunderbar als (zusätzlichen) Stimulator einsetzen, wenn Sie sich allein oder zu zweit dem Liebesspiel hingeben.

zu überzeugen, daß er es gut macht? Den meisten Frauen fällt es nicht leicht, sich ihren Gefühlen im Moment des höchsten Lustempfindens einfach zu überlassen und diese ungehemmt auszudrücken. Dabei kommt es nicht darauf an, besonders leise oder besonders laut zu sein, sondern spontan genau das auszudrücken, was ist. Nicht mehr und nicht weniger. Wagen Sie es doch einfach mal, weder etwas zu unterdrücken, noch etwas zu machen. Seien Sie nur Sie selbst!

Eine wunderbare Übung, um lustvollen Tönen aus dem Bauch auf die Sprünge zu helfen und damit Ihr Liebesleben um eine sinnliche Dimension zu bereichern, bietet die Bauchmassage auf Seite 74.

DER GESCHMACK DER LUST

Auch das Schmecken kann Sie direkt mit Ihren Gefühlen und Ihrer Lust in Verbindung bringen. Ausdrücke wie »das zergeht einem auf der Zunge« oder »die Liebe geht durch den Magen« weisen darauf hin. Beim Liebesspiel knabbern, lecken, beißen und saugen wir gern an unserem Partner, was auf beiden Seiten stimulierende Empfindungen im gesamten Körper auslöst. Der Mund gilt als Reflexzone für die Geschlechtsorgane, steht also in direktestem Kontakt mit unserem Zentrum der Lust und ist somit hochempfindlich für alle Arten der Berührung. Das erklärt wohl auch, warum intensive Küsse eine der schönsten und intimsten Arten des Körperkontakts sind. Mit einem Kuß signalisieren die Partner ihre emotionale Zuneigung, mit einen Zungenkuß die Bereitschaft für eine Intensivierung der erotischen Begegnung.

Vor lauter Hektik und Streß schmecken wir manchmal kaum noch, was wir essen, sondern stopfen es nur in uns hinein. Versuchen Sie in der nächsten Zeit, Ihren Geschmackssinn zu sensibilisieren, indem Sie langsam und bewußt essen und sich die einzelnen Bissen wirklich auf der Zunge zergehen lassen. Oder beginnen Sie Ihr Liebesspiel damit, daß Sie sich zunächst einmal gegenseitig mit Weintrauben oder andren Leckereien füttern.

SCHAU MIR IN DIE AUGEN!

Augen sind der Spiegel der Seele und können nicht lügen, sagt man. Wir suchen den Blick eines Menschen, den wir lieben, oder weichen ihm aus Schüchternheit aus; wir fühlen uns verletzt und enttäuscht, wenn uns jemand keines Blickes würdigt. Ein langer, tiefer Blick in die

Strecken Sie ab und zu genußvoll die Zunge heraus – vorm Spiegel oder einfach so. Das löst Spannungen im Kiefer und trainiert und entspannt die gesamte Gesichtsmuskulatur.

Augen sagt etwas über die Vertrautheit zwischen zwei Menschen aus. Und ein Blick kann sehr erotisch sein und anmachen.

Auch die Augen stehen in enger Verbindung mit unseren Gefühlen. Normalerweise tasten wir einen anderen Menschen zuallererst einmal mit den Augen ab. Über die Augen empfangen wir auch die ersten deutlichen erotischen Signale. Kein Flirt ohne tiefe und mehr- oder auch eindeutige Blicke.

Sich zeigen und gesehen werden ist für viele ein sehr erregender Aspekt der Erotik, mit dem jedoch häufig gemischte Gefühle einhergehen. Diese Ambivalenz erklärt sich aus dem verstohlenen Umgang mit Sexualität in unserer Gesellschaft. Jedoch können gerade diese widersprüchlichen Gefühle einen besonderen Reiz ausmachen. Sich vor den Augen des Geliebten langsam zu entkleiden, also einen kleinen Strip hinzulegen, kann eine äußerst auf- und anregende Sache sein. Ebenso aufregend ist es, die Lust des anderen in seinen Augen zu erkennen und ihm die eigene zu zeigen. Das gehört zu den intimsten Momenten, die zwei Menschen miteinander teilen können.

Vielleicht haben Sie ja Lust, Ihre Augenlust ein bißchen zu intensivieren. Experimentieren Sie damit und wagen mal was Neues, auch wenn es erst mal Angst oder Unsicherheit auslöst. Den »Seelenblick«, eine Übung, in der Sie Ihr wahres Wesen oder das Ihres Partners »sehen« können, finden Sie auf Seite 147.

Jedes sinnliche Erleben hat einen aktiven und einen rezeptiven Aspekt – wie das Anschauen und das Angeschautwerden. Dies ist für das Liebesspiel wichtig, um fließend zwischen Hingabe und Aktivität wechseln zu können.

DER BUSEN – SYMBOL DER WEIBLICHKEIT

Frauenbrüste gelten als das Weiblichkeits- und Mütterlichkeitssymbol überhaupt. Seit Jahrhunderten erfindet die Modebranche immer wieder neue Varianten der mehr oder weniger raffinierten Ver- und Enthüllung dieses Körperteils, der von den meisten Männern hochgeschätzt wird. Leider sind jedoch die wenigsten Frauen mit ihren Brüsten zufrieden, und es dauert in der Regel eine ganze Weile, bis eine Frau ihre Brüste annehmen kann, einfach so, wie sie sind: klein, groß, fest, weich – genau richtig. Kaum ein anderer Körperteil findet soviel Beachtung und wird gleichzeitig mit soviel Ablehnung durch die Frauen selbst bedacht. Angestachelt durch angebliche Idealmaße, legen sich immer mehr Frauen unter die Messer der Schönheitschirurgen, um »im richtigen Maß« begehrenswert zu erscheinen.

Fast jede Frau hat irgendein Problem mit ihren Brüsten, und sei sie noch so attraktiv. Offenbar bleibt kaum eine Frau von dem Übermaß an Kritik gegenüber diesem weiblichsten aller Körperteile verschont. Wie sieht es mit Ihnen aus? Halten Sie Ihren Busen auch für zu groß oder zu klein, zu schlaff oder was auch immer? Hören Sie auf, Ihren Busen mit dem anderer Frauen zu vergleichen und ihn isoliert zu beurteilen! Wenn Sie beginnen, sich in Ihrer Ganzheit und mit liebevollen Augen zu betrachten, werden Sie erkennen, daß Ihre Brüste perfekt zu Ihnen passen und daß es nichts an ihnen auszusetzen gibt (siehe dazu auch »Spiegelübung« auf Seite 61f).

Wann immer Sie an Ihre Brüste denken, schenken Sie ihnen ein Inneres Lächeln!

WO DIE LUST ZU HAUSE IST

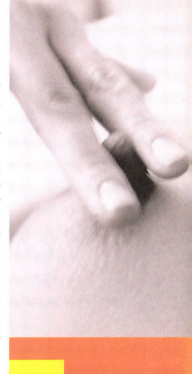

VERBINDUNG VON LUST UND HERZ

Für die meisten Frauen sind die Brüste das empfindlichste sexuelle Zentrum. Dies läßt sich mit Hilfe der traditionellen chinesischen Medizin sehr plausibel erklären. Diese sagt nämlich, daß zwischen den Brüsten und den Geschlechtsorganen eine direkte Verbindung über zwei Meridiane, also Energiebahnen, besteht.

Während der Menstruation, der Schwangerschaft und der Stillzeit ist diese energetische Verbindung besonders deutlich wahrnehmbar. Je sensibler eine Frau ist, desto mehr spürt sie diese Verbindung aber auch während des Liebesspiels. Viele Frauen sprechen von einem Kribbeln, einem heißen Fließen bis hin zu feinen elektrischen Schlägen, die sich, von den Brüsten ausgehend, bis zur Yoni hinunter ausdehnen.

Energetisch gehören Brüste und Herz zusammen (siehe auch Chakren Seite 126). Aus diesem Grund ist es für eine Frau mitunter sehr irritierend, wenn ihre Brüste und insbesondere die Brustwarzen berührt und stimuliert werden, sie sich aber vom Herzen her nicht öffnen kann. Wahrscheinlich kennen Sie das auch, daß Sie die Berührung Ihrer Brüste als unangenehm oder sogar schmerzhaft erleben und sich leicht überreizt fühlen, wenn Ihre Herzebene nicht angesprochen ist. In einem solchen Fall sollten Sie Ihrem Körper vertrauen und Ihrem Liebsten Ihre augenblickliche Sensibilität signalisieren, anstatt etwas auszuhalten, was für Sie nicht stimmt.

Was Ihrem Busen in jedem Fall guttut und ihm eine Art »positiven Grundtonus« verleiht, ist, wenn Sie ihm täglich liebevolle Aufmerksamkeit und Zuwendung zukommen lassen. Eine Möglichkeit dazu ist die folgende Brustmassage.

Brustmassage

Wärmen Sie Ihre Hände und laden Sie sie mit Energie auf, indem Sie sie aneinanderreiben. Halten Sie zu Beginn der Massage Ihren Busen einfach für eine Weile in den Händen. Schließen Sie dabei die Augen, und senden Sie Ihren Brüsten freundliche Gedanken.

Befeuchten Sie dann Ihre Hände mit ausreichend Massageöl, und beginnen Sie mit kreisförmigen Bewegungen, Ihren Busen zu massieren. Wechseln Sie dabei ab und zu die Richtung. Beobachten und genießen Sie die unterschiedlichen Reaktionen, die Sie hervorrufen, je nachdem, wie Sie Ihre Brüste massieren – zärtlicher, kräftiger, schneller oder langsamer.

Zeigen Sie Ihrem Partner, welche Art der Berührung Ihrer Brüste Sie besonders erregt.

YONI – DAS WEIBLICHE ZENTRUM DER LUST

Die Yoni einer Frau ist ein wahres Wunderwerk der Natur. Viele Frauen kennen sich viel zu wenig aus mit ihrer Quelle der Lust. Doch das läßt sich ändern!

Wir wissen zwar, daß jeder Busen anders aussieht – wie überhaupt Frauen die unterschiedlichsten Körperformen haben –, doch wir ziehen daraus nicht selbstverständlich den Schluß, daß auch jede Yoni anders aussieht. Und wir machen uns vor allem nicht klar, daß sich aus der unterschiedlichen Größe und Form unserer Geschlechtsorgane auch unterschiedliche sexuelle Vorlieben und Möglichkeiten ergeben. Kulturen wie die chinesische, japanische, indische oder indianische haben die anatomischen Merkmale der Yoni untersucht und Yoni-Typologien entwickelt, die etwas darüber aussagen, wie die unterschiedlichen Frauen besonders gut Lust empfangen und schenken können. Die meisten Bezeichnungen für die Yoni-Typen beziehen sich auf deren besondere anatomische Merkmale sowie auf die Art und Weise, wie Frauen des jeweiligen Typs berührt werden müssen, um ihr Feuer zu entfachen und ihnen vielfältige Lust zu bereiten.

So beschreiben zum Beispiel die Liebeslehren verschiedener indianischer Stämme einen recht häufig vorkommenden anatomischen Typ von Yoni als »Tanzende Frau«. Dieser Frau ist das orale Vorspiel am liebsten. Sie liebt zwar die tiefe Penetration, kommt aber erst bei gleichzeitiger Stimulation ihrer Klio so richtig in Fahrt. Das läßt sich ganz einfach aus der Anatomie ableiten: Bei der Tanzenden Frau tritt

YONI-TYPEN IN ANDEREN KULTUREN

Die chinesischen Schriften der Liebeskunst teilen die Yoni-Typen in die »Acht Täler der Lust«, mit klangvollen Namen wie Lautensaite, Dunkle Perle, Richtiges Tal oder Tor der Nachwelt ein.
Die Indische Lehre der Liebeskunst, das Kamasutra, spricht sogar von 36 Kombinationen von Typen und Temperamenten.
Japanische Liebesforscher sprechen von der Yoni der dunklen Erde, des feuchten Wassers, der feurigen, der des sanften Windes und von der himmlischen Yoni.
Im erotischen Nachschlagewerk der arabischen Kultur »The Perfumed Garden« werden gar 38 verschiedene Yoni-Typen erwähnt und detailliert beschrieben.
Die indianischen Schriften der Chuluaqui Quodoushka bilden auf ihren Schilden des Liebesunterrichts fünf Typen von Frauen und deren Yoni-Formen ab.

WO DIE LUST ZU HAUSE IST

die Klio bei Berührung schnell unter ihrer Kapuze hervor, der G-Punkt liegt hingegen sehr tief in der Yoni. Im Unterschied dazu liegen bei der »Hirschfrau« die Klio und der G-Punkt sehr nahe an der Vaginaöffnung, und sie braucht deshalb auch viel weniger Vorspiel als die Tanzende Frau. Schnelles, tiefes Stoßen bringt sie leicht zum Höhepunkt. Ähnliche Beschreibungen gibt es natürlich auch für Männer.

Das Schöne und wirklich Beachtenswerte an solchen Einteilungen in Yoni-Typen ist, daß den Frauen dabei ganz offensichtlich unterschiedlichste Zonen der Lust und verschiedenste Verhaltensweisen zugestanden werden. Jede Frau wird mit Achtung betrachtet, keine wird abgewertet, nichts ist besser oder schlechter. Davon können wir eine Menge lernen. Die einzelnen Typologien sind allerdings tief verwurzelt in den kulturellen und religiösen Traditionen einzelner Völker. Sich damit im einzelnen zu beschäftigen ist nur sinnvoll, wenn man sich eingehend mit bestimmten Traditionen auseinandersetzen will. Aus dem Zusammenhang gerissen sind die Typologien kaum nachvollziehbar für Frauen des westlichen Kulturkreises, und ich möchte deshalb nicht näher darauf eingehen.

Im wesentlichen beschreiben diese Einteilungen mit ihren phantasievollen Bezeichnungen die körperlichen Gegebenheiten, also die anatomische Beschaffenheit der Yoni einer Frau: die Entfernung der Klitoris (Klio) zur Vaginalöffnung, die Größe der Yoni und ihre Form, die Tiefe der Vagina, die Lage des G-Punkts.

Es mag Ihnen vielleicht zunächst sehr technisch erscheinen, Ihre eigene Yoni im Hinblick auf diese anatomischen Einzelheiten zu betrachten. Dies kann Ihnen jedoch, so ungewohnt es auch erst einmal sein mag, sehr dabei helfen, Ihr individuelles Lustpotential, das in jedem Yoni-Segment steckt, hervorzulocken und Ihren Venus-Code zu entschlüsseln.

SINNLICHE YONI-ERKUNDUNG

Nehmen Sie sich mindestens eine Stunde Zeit, und bereiten Sie sich auf sinnliche Weise darauf vor, Ihre Yoni genauer zu erforschen – beispielsweise durch ein entspannendes Bad oder einen lustvollen Tanz. Legen Sie einen Spiegel, eine wasserlösliche Feuchtigkeitsemulsion sowie Ihr Venustagebuch bereit.

Betrachten und untersuchen Sie Ihre Yoni im Hinblick auf die körperlichen Gegebenheiten; beobachten Sie ganz genau, wie Sie auf

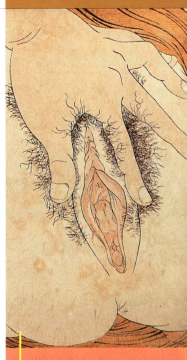

»Vulva mit öffnender Hand« – erotische Grafik aus Japan (um 1849).

Wenn Ihnen diese Übung im ersten Moment mühsam und ungewohnt erscheint, haben Sie Geduld mit sich. Es lohnt sich wirklich, diese Entdeckungsreise anzutreten!

bestimmte Berührungen reagieren und was Sie daraus für Ihr Lusterleben ableiten können.

Lesen Sie zunächst einmal die Fragen im folgenden Kasten in Ruhe durch und lassen Sie sich von ihnen anregen, Ihre Yoni zu betrachten. Gehen Sie Schritt für Schritt und nicht zu schnell vor. Schließen Sie nach dem Betrachten jedes einzelnen Yoni-Segments für einen Moment die Augen und lassen es vor Ihrem inneren Auge Gestalt annehmen. So verinnerlichen Sie nach und nach Ihre Yoni, bekommen eine immer deutlichere Vorstellung von ihr und erhöhen auch dadurch ihre Empfindsamkeit.

Fahren Sie dann mit Ihrer Erkundung fort, indem Sie jeden Teil Ihrer Yoni berühren und stimulieren. Gehen Sie langsam und bewußt vor, benutzen Sie die Lotion, um Ihre Yoni zu befeuchten, vor allem, wenn Sie Berührungen schnell als Überreizung erleben.

Nach und nach erkunden Sie so Ihre gesamte Yoni und finden heraus, welche Berührungen Sie mögen und Sie erregen. Stimulieren Sie jeden einzelnen Teil Ihrer Yoni, bis Sie eine Erregung wahrnehmen können, treiben Sie es jedoch nicht auf die Spitze. Fallen Sie nicht in Gewohnheiten zurück, die Ihnen aus der raschen Selbstbefriedigung vertraut sind. Es geht bei dieser Übung nicht darum, einen Höhepunkt zu erreichen, sondern darum, vertrauter mit der Anatomie Ihrer Yoni zu werden und mehr Sicherheit und Selbstvertrauen zu gewinnen, um Ihre sexuelle Empfindungsfähigkeit zu erweitern.

Legen Sie unbedingt nach jeder Berührung einen kleinen Stop ein und verinnerlichen die Wahrnehmung dieser Berührungen, indem Sie sie in sich nachklingen lassen. Gönnen Sie sich nach der Übung einige Momente der Ruhe, und notieren Sie dann Ihre Erfahrungen in Ihrem Venustagebuch. Wiederholen Sie diese Übung in den kommenden drei Wochen einige Male.

DER SAGENUMWOBENE G-PUNKT

Befassen wir uns etwas näher mit einigen wichtigen Lustpunkten in der Yoni, die Sie bei der sinnlichen Yoni-Erkundung bereits kennengelernt haben. Dazu gehören der G-Punkt, der Muttermund beziehungsweise Gebärmutterhals sowie die gesamte Beckenbodenmuskulatur.

Den G-Punkt wollen wir hier Göttinnen-Punkt nennen, denn diese sagenumwobene Stelle im Inneren der Yoni verdient einfach einen sinnlicheren Namen. Jede Frau hat ihn, doch nicht jede kennt den Göt-

FRAGEN ZUR SINNLICHEN YONI-ERKUNDUNG

- Liegt Ihre Klio verdeckt unter einer kleinen oder großen Kapuze?
- Tritt sie bei Berührung leicht hervor oder müssen Sie sie hervorlocken, indem Sie sie ausdauernder berühren?
- Ist es angenehm für Sie, Ihre Klio direkt zu anzufassen, oder berühren Sie zuerst lieber nur ihren Schaft?
- Wie stark mögen Sie die direkte Berührung Ihrer Klio?
- Wie schnell fühlen Sie sich dadurch erregt?
- Wie weit liegt Ihre Klio von der Öffnung Ihrer Vagina entfernt? Messen Sie diesen Abstand in Ihrer eigenen Fingerbreite. (Eine Fingerbreite wäre ein kleiner Abstand, drei ein großer.)
- Wie sehen Ihre inneren Schamlippen aus?
- Treten sie hervor?
- Wie möchten sie berührt werden?
- Mögen sie es, gerieben, gezogen oder massiert zu werden?
- Welche leichten oder stärkeren Berührungen lösen welche Empfindungen aus?
- Wie groß ist die Öffnung Ihrer Yoni? Messen Sie wieder in Ihrer eigenen Fingerbreite.
- Was empfinden Sie im allerersten Moment, wenn Sie in Ihre Yoni fassen?
- Können Sie Ihren G-Punkt finden? * Wie tief liegt der G-Punkt in Ihrer Yoni? * Wie weit ist er vom Eingang der Yoni und von der Klio entfernt? * Welche Empfindungen spüren Sie bei der Berührung? Bis zur lustvollen Wahrnehmung dieses Punktes brauchen viele Frauen eine Zeitlang. Bitte seien Sie geduldig! Anfänglich kann sich eine Berührung anfühlen, als ob Sie Urin lassen müssen.

Forschungen der australischen Urologin Helen O'Connell aus dem Jahr 1998 zeigen, daß die Klitoris sich in zwei Schenkeln im inneren Bereich der Yoni fortsetzt. Diese Schenkel können bis zu neun Zentimeter lang werden!

tinnen-Punkt und seine Fähigkeiten. Das liegt auch daran, daß dieser und andere Genußpunkte in der Yoni unter »Gedächtnisproblemen« leiden oder Berührungen erst einmal nicht als lustvoll erfahren werden. Das Gedächtnisproblem des Göttinnen-Punkts sowie anderer innerer Lustpunkte besteht darin, daß es in der Yoni wenig bis gar keine bewußte Wahrnehmung gibt. Erst durch Berührungen, die wir ganz bewußt wahrnehmen und verinnerlichen, gelingt es uns, den Göttinnen- und andere Lustpunkte im Gedächtnis zu behalten.

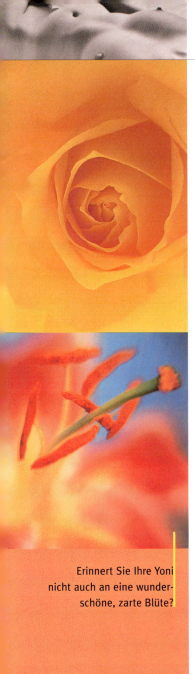

Erinnert Sie Ihre Yoni nicht auch an eine wunderschöne, zarte Blüte?

Auf der Suche nach dem inneren Juwel

Da die meisten Frauen Empfindungen in der Yoni zunächst kaum differenzieren können, haben viele von ihnen anfänglich das Gefühl, gar keinen Göttinnen-Punkt zu besitzen. Forschen sie dann weiter, meinen viele, daß ihr Göttinnen-Punkt in der Yoni wandert – was die weiteren Lustpunkte erklären mag, die Forscher entdeckt haben wollen: den sogenannten A- sowie den U-Punkt, die beide hinter dem G-Punkt liegen. Doch erst im Lauf der Zeit und ohne den Streß der Erwartung gelangen viele Frauen schließlich – auch mit Hilfe der Yoni-Massagen (siehe Seite 133) – zu dem Vergnügen, das der Göttinnen-Punkt bereithält.

Falls Sie ihn noch nicht gefunden haben: Allein oder gemeinsam mit einem Partner werden auch Sie nach einer Weile des Erforschens eine Zone in Ihrer Yoni entdecken, die sich im Empfinden deutlich von allen anderen Punkten abhebt. An der Oberseite Ihrer Yoni können Sie eine wellige, rauhe Oberflächenstruktur ausmachen, die sich von dem übrigen Gewebe in der Yoni unterscheidet. Durch direkte Berührung und Massage nimmt die Durchblutung dieses Bereiches zu. Er verändert sich dadurch in der Größe und ist so noch leichter wahrzunehmen.

Beim erstmaligen bewußten Berühren beschreiben Frauen ihre Empfindungen als fremdartig, ungewohnt und oft auch als unangenehm. Das Gefühl des Harndrangs, das dabei hervorgerufen wird, ist damit zu erklären, daß unterhalb dieses Gewebes die Harnröhre und das dazugehörige Harnröhrenschwellgewebe liegen. Doch es lohnt sich in jedem Fall, diesen Lustpunkt zu erforschen (siehe auch Kasten nächste Seite).

MUTTERMUND – DER HIMMLISCHE PALAST

Wenn Sie tiefer, am besten mit dem Mittelfinger, in Ihre Yoni gleiten, kommen Sie zu einer festeren Stelle mit einer Vertiefung in der Mitte. Das ist der Gebärmutterhals mit dem Muttermund, dem Eingang zur Gebärmutter, der in taoistischen Schriften Himmlischer Palast genannt wird.

Die Gebärmutter ist der größte und stärkste Muskel einer Frau – und eine Quelle großer Lust. Durch eine Geburt oder Abtreibung verändert dieser Muskel häufig seine natürliche Spannkraft. Normalerweise fühlt sich der Gebärmutterhals fest an und hat eine glatte Oberfläche. Er ist sehr empfindsam und kann sogar ein Grund dafür sein, wenn

WO DIE LUST ZU HAUSE IST

ERTASTEN DES GÖTTINNEN-PUNKTES

Wenn Sie das erste Mal bewußt Ihren Göttinnen-Punkt ertasten, leeren Sie zunächst einmal Ihre Blase, um sich durch das Gefühl des Harndrangs nicht irritieren zu lassen. Gehen Sie dann in die Hocke und schieben einen Finger in Ihre Yoni, wobei Sie mit gekrümmtem Finger an der Vorderseite der Yoni entlanggleiten, als wollten Sie sagen: »Komm her!« Auf der Rückseite Ihres Schambeinknochens in Höhe der Klio können Sie eine Oberflächenstruktur wahrnehmen, die sich von dem umliegenden Gewebe unterscheidet. Beobachten Sie, welche unterschiedlichen Empfindungen die Berührungen an verschiedenen Stellen auslösen. Es kann eine Weile dauern, bis Sie eine Berührung des Göttinnen-Punktes als angenehm und lustvoll empfinden. Freunden Sie sich langsam mit ihm an – Sie werden sehen, es lohnt sich! Wenn Sie möchten, bitten Sie auch Ihren Partner, Ihnen beim Aufspüren, Erkunden und Stimulieren Ihres Göttinnen-Punktes behilflich zu sein.

bei der Vereinigung mit tiefen heftigen Stößen durch den Lingam Schmerzen auftreten.

Das Lustpotential der Gebärmutter kann – ähnlich wie beim Göttinnen-Punkt – geweckt werden, indem Sie viel Geduld und Liebe aufbringen. Anfangs ist es oft nicht einfach, an dieser Stelle Lust zu empfinden, doch wenn Sie zum Beispiel mit dem Finger um den Gebarmutterhals kreisen, können Sie große Lust auslösen sowie tiefe Gefühle von innerer Befreiung sowie das Bedürfnis, sich auszudehnen und hinzugeben. Manchmal bewirkt schon die bloße Berührung der Gebärmutter ein tiefes Pulsieren, das in orgastische und ekstatische Räume der weiblichen Lust führt.

BECKENBODEN – DER LIEBESMUSKEL

Die Beckenbodenmuskulatur (PC- oder Pubococcygealmuskel) besteht aus drei Schichten, die im gesamten Beckenbereich ansetzen. Sie umschließt die Vagina, die Harnröhre sowie den Anus und trägt schützend die Organe des Unterbauchs. Aufgrund dieser vielfältigen Funktionen ist dieser Muskel immens wichtig für Vitalität und Wohlbefinden. Natürlich wirkt sich ein intakter PC-Muskel auch auf die

Die Erregung in der Klio läßt sich mit einem ersten Funken vergleichen, der aufglimmt, die Stimulation des Göttinnen-Punktes dagegen ist die Glut.

»Ein wohltrainierter, täglich aktiver Beckenboden kann Blasen- und Gebärmuttersenkungen verhindern ... Und der Lustgewinn beim Sex übersteigt alles, was Tao, Tantra, Kamasutra und ihresgleichen zu versprechen pflegen.«

(Benita Cantieni, Tiger Feeling)

Lustfähigkeit aus, denn er entscheidet über die Durchblutung der Sexualorgane und damit über deren Funktions- und Empfindungsfähigkeit – woher er auch seinen Namen »Liebesmuskel« hat. Sein Tonus hat zudem Einfluß auf das gesamte Lebensgefühl einer Frau. Bei richtiger Spannungslage und durch bewußten Einsatz dieses Muskels stellt sich das sinnliche »Tiger Feeling« ein, wie Benita Cantieni es in ihrem gleichnamigen Buch und Beckenbodentraining speziell für Frauen nennt.

Ist der PC-Muskel geschwächt – das kann nach einer Geburt der Fall sein oder einfach durch mangelndes Training –, vermindert sich das Lustempfinden deutlich. Doch glücklicherweise können Sie Ihren Liebesmuskel auch wieder stärken, um ihn beim Liebesspiel und während des Orgasmus aktiv einzusetzen. Nebenbei kann dadurch übrigens auch eine beginnende Blasenschwäche behoben werden.

So finden Sie Ihren Liebesmuskel

Ich möchte Ihnen drei Möglichkeiten vorstellen, wie Sie ein Gefühl dafür entwickeln können, um welchen Muskel es sich überhaupt handelt und wie er sich aktivieren (anspannen) und entspannen läßt.

- Unterbrechen Sie das nächste Mal beim Wasserlassen den Harnfluß, indem Sie Ihre Beckenbodenmuskulatur zusammenziehen.
- Legen Sie sich bequem auf den Rücken, die Beine leicht angewinkelt, und lassen Sie die Kuppe Ihres Mittelfingers sanft auf Ihrem Damm, also zwischen Yoni und Anus ruhen. Versuchen Sie nun, Ihren Finger mittels Muskelkontraktion in den Körper zu »saugen«. Wenn es gelingt, dann haben Sie ihn gefunden: Ihren Liebesmuskel.
- Um die Kraft Ihres Liebesmuskels festzustellen, gehen Sie in die Hocke, führen einen oder zwei Finger in Ihre Yoni ein und üben etwas Druck auf Ihre Finger aus, indem Sie die Beckenbodenmuskulatur anspannen.

Für viele Frauen ist die Muskelgruppe des Beckenbodens ein blinder Fleck in ihrer Körperlandschaft, den sie nicht wahrnehmen können. Zu Beginn des Trainings kann daher leicht Frustration aufkommen, da eine Differenzierung zu anderen Muskeln erst einmal schwerfällt. Falls es Ihnen so ergeht, rate ich Ihnen deshalb, die Liebe zum subtilen Fühlen zu entwickeln und sich auf die feinen, manchmal fast

In neueren Forschungen wies G.H. Eggetsberger nach, daß durch die Anspannung des PC-Muskels das Gehirn aufgeladen wird. Müdigkeit und Depressionen können durch ein entsprechendes Training positiv beeinflußt werden.

unmerklichen Bewegung dieses Muskels zu konzentrieren, um ihn nach und nach zu kräftigen.

Viele Frauen stellen auch fest, daß ihr Muskel generell zu fest angespannt ist und sie deshalb in ihrem Empfinden eingeschränkt sind. Durch das Beckenbodentraining können Sie in diesem Fall auch Entspannung lernen.

So trainieren Sie Ihren Liebesmuskel

Mit den folgenden drei Übungen können Sie Ihren Beckenbodenmuskel auf lustvolle Weise trainieren:

- Sie liegen entspannt auf dem Rücken und winkeln die Knie an, die Füße stehen flach auf dem Boden. Versuchen Sie nicht, Ihren Rücken flach auf den Boden zu pressen. Ein wenig »im Hohlkreuz« zu liegen ist ganz natürlich; andernfalls spannen Sie schon von vornherein Muskelgruppen im Kreuzbeinbereich, in den Ober- und Unterschenkeln sowie das Zwerchfell an. Zwischen Ihren Knien halten Sie sanft einen Luftballon. Mit dem Einatmen aktivieren Sie nun Ihren Beckenboden, während Sie sich gleichzeitig vorstellen, den Luftballon mit dem Beckenboden anzusaugen. Platzt der Luftballon zwischen Ihren Knien, haben Sie zu sehr auch andere Muskelgruppen mit aktiviert. Beim Ausatmen entspannen Sie den PC-Muskel wieder.

- Stehen Sie bequem, die Füße etwa hüftbreit voneinander entfernt, die Knie leicht gebeugt, und aktivieren Sie Ihren PC-Muskel. Zählen Sie dabei bis vier, entspannen Sie den Muskel, und zählen Sie wieder bis vier. Steigern Sie langsam Ihr Tempo, bis Sie beim Aktivieren und Loslassen jeweils bis 20 zählen können. Falls Sie Ihr Gesicht dabei verziehen, nehmen Sie zu viele andere Muskelgruppen mit hinzu. Denken Sie beim Trainieren Ihres Liebesmuskels daran, es leicht und mühelos zu tun, und vergessen Sie auch nicht zu atmen. Es gibt keinen Grund, Ihren Atem anzuhalten, während Sie den Muskel anspannen.

- Stellen Sie sich ein schönes großes Auge mit langen Wimpern direkt auf Ihrem Beckenbodenmuskel vor. Zwinkern und blinzeln Sie so nach allen Regeln der Kunst Ihrem Göttinnen-Punkt, Ihrer Gebärmutter und Ihrem Herzen so lange zu, wie es Ihnen Spaß macht und sooft es Ihnen einfällt – im Liegen, Sitzen oder Stehen, einfach immer mal wieder zwischendurch.

Der Beckenboden hat auch für den Rücken eine herausragende Bedeutung. Diffuse Rückenschmerzen verschwinden in 95 von 100 Fällen, wenn die Beckenbodenmuskulatur gezielt trainiert wird.

WO DIE LUST ZU HAUSE IST

»Onanierende Dame beim Betrachten erotischer Bilder« – erotische Grafik aus Japan (um 1890).

DIE SEXUELLE SELBSTLIEBE

Selbstbefriedigung ist bis heute für die meisten Menschen in unserer Kultur ein Tabuthema. Selbst wenn man weiß, wie man sich selbst berühren muß, um sich Lust zu bereiten, gilt es meist immer noch die vielen tiefsitzenden Vorurteile und negativen Bewertungen in bezug auf die sexuelle Selbstliebe zu überwinden. Die eigenen Geschlechtsorgane zu berühren ist zwar eine der ersten lustvollen Erfahrungen, die wir in der Kindheit machen, doch sind diese nur allzu oft mit direkten oder indirekten Urteilen und Strafen verbunden – sowie zahlreichen Märchen darüber, daß Masturbation schädlich sei.

Der Begriff Masturbation kommt aus dem Lateinischen und setzt sich zusammen aus den Worten »Hand« und »Verunreinigung«. So wurden also bereits im Altertum Schuldgefühle in bezug auf die sexuelle

Selbstliebe geschürt. Und mit denen schlagen wir uns noch immer herum, obwohl Mitte des 20. Jahrhunderts die Forschungsergebnisse des berühmten Sexologen A. Kinsey belegten, daß Masturbation zum Leben eines ganz normalen, geistig und körperlich gesunden Menschen einfach dazugehört.

Nach wie vor betrachten wir Selbstbefriedigung tendenziell als etwas Schmutziges, für das wir uns schämen müssen und das wir im geheimen tun, und nicht als einen Akt der Liebe zu uns selbst. Ganz anders ist das beispielsweise in der indianischen Kultur, wo die Praxis der sexuellen Selbstliebe als ein »Ritual, das das Herz erfreut« bezeichnet wird, womit die Verehrung der sexuellen Kraft und ihre heilende Wirkung auf das Herz ausgedrückt wird.

Selbstbefriedigung ist kein Zeichen von Unreife, sondern es zeugt von einem lebendigen Interesse an der vitalen Energie der Sexualität.

MEHR LUST AN DER LUST

Um es noch einmal klarzustellen: Selbstbefriedigung ist nichts Anomales, sondern – im Gegenteil – nur ein weiterer natürlicher Ausdruck von Sexualität. Masturbation bietet zudem besonders Frauen eine gute Möglichkeit, häufig aufeinanderfolgende Orgasmen zu erleben, und kann deshalb auch ein Weg sein, die Orgasmusfähigkeit zu steigern. Durch regelmäßige Selbstbefriedigung wird die Durchblutung in den Genitalien verstärkt, und damit nimmt die Orgasmusbereitschaft zu. Außerdem werden Sie durch Selbstbefriedigung vertrauter mit sich selbst und können dabei Ihren Gefühlen freien Lauf lassen.

Selbstliebe bietet also eine Reihe nicht zu unterschätzender Vorteile. Die Angst mancher Frauen, davon abhängig zu werden und keine Lust mehr auf ihren Partner zu haben, ist völlig unbegründet. Viele Frauen machen sogar die gegenteilige Erfahrung: die Lust an der Selbstliebe und am Experimentieren mit sich allein macht auch mehr Lust auf den Partner. Außerdem kann das gemeinsame Liebesleben durch die Erkenntnisse bereichert werden, die Sie bei der Selbstliebe über Ihren Körper und Ihr Lustempfinden gewinnen.

FEIERN SIE EIN SELBSTLIEBERITUAL

Bei einem Selbstlieberitual geht es nicht um die schnelle klitorale oder vaginale Selbstbefriedigung, sondern um ein Fest der sexuellen Selbstliebe, bei dem alle Sinne miteinbezogen werden. Und auch die Venusschlüssel (siehe Seite 70 bis 78) können Ihnen bei diesem Ritual helfen, mehr über Ihren Venus-Code zu erfahren.

WO DIE LUST ZU HAUSE IST

Ein wichtiger Schlüssel zu Ihrer weiblichen Lust ist die sexuelle Selbstliebe.

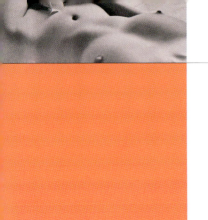

Treffen Sie mit sich selbst eine Verabredung, und wählen Sie dafür einen Abend aus, an dem Sie völlig ungestört sein können. Denken Sie bereits im Lauf des Tages an Ihr intimes Treffen und bereiten sich innerlich wie äußerlich darauf vor – so wie Sie es tun würden, wenn Ihr neuer Geliebter zu Besuch käme. Vielleicht möchten Sie sich eine besondere Unterwäsche kaufen oder ein luxuriöses Festmahl bei Kerzenschein vorbereiten.

Wenn es dann soweit ist, zaubern Sie sich ein Liebeslager mit Blumen, Kerzen und verführerischen Düften. Stellen Sie Ihr Massageöl und vielleicht ein Gleitmittel bereit, sowie alle Utensilien, die Sie für eine sinnliche Nacht benötigen. Natürlich gehört auch stimmungsvolle Musik zu einem erotischen Ritual, außerdem vielleicht ein leckeres, prickelndes Getränk.

Beginnen Sie schließlich nach Lust und Laune mit Ihrem Liebesmahl, einem ausgiebigen Bad oder einem erotischen Tanz – oder tun Sie, was auch immer Sie in Kontakt mit Ihrer Sinnlichkeit bringt. Gönnen Sie sich dann eine lustvolle Massage Ihres ganzen Körpers, und lassen Sie auch Ihrer Stimme freien Lauf. Vielleicht möchten Sie schnurren, knurren, jauchzen, stöhnen oder sich selbst zärtliche Worte sagen. Lassen Sie keine Stelle Ihres wunderbaren Körpers aus, und verbinden Sie sich immer wieder mit Ihrem Atem und mit den Empfindungen und Gefühlen, die die Berührungen auslösen.

Stellen Sie sich von Kopf bis Fuß auf Liebe ein. Reiben Sie Ihre Schenkel, kneten Sie liebevoll Ihren Bauch, umfassen Sie Ihre Brüste, streichen Sie um Ihre Brustwarzen. Schicken Sie sich selbst die zärtlichsten Gedanken und Komplimente, und konzentrieren Sie sich ganz auf Ihre Hände und die Berührungen. Lassen Sie Ihre Hände selbst entscheiden, wohin es sie zieht. Experimentieren Sie, seien Sie spielerisch – und genießen Sie es.

Streichen Sie über Ihren Venushügel, berühren Sie Ihre Schamlippen, die Klio, den Eingang zu Ihrer Yoni, und wecken Sie die Sinnlichkeit und Lebendigkeit in Ihrem ganzen Körper. Stimulieren Sie sich einige Male bis kurz vor den Punkt ohne Wiederkehr, und stoppen Sie dann. Saugen Sie die Luft ein, und ziehen Sie mit Ihrer Vorstellung dabei die Energie aus den Genitalien in Ihren gesamten Körper und bis hinauf zu Ihrem Herzen (siehe auch »Innere Flöte«, Seite 149), bevor Sie sich den Wellen des Orgasmus überlassen. Genießen Sie den Frieden und die Liebe, die Sie sich mit diesem Ritual schenken.

Nutzen Sie beim Selbstlieberitual Ihre Venusschlüssel, und haben Sie Vertrauen und Mut in die Liebe und Weisheit Ihres Herzens sowie in die Kraft und das Feuer Ihrer Yoni.

WO DIE LUST ZU HAUSE IST

FEIERN SIE IHR RITUAL REGELMÄSSIG

Um sich selbst besser kennenzulernen und Ihre Sinnlichkeit zu erwecken, sollten Sie das Selbstliebe-Ritual möglichst regelmäßig feiern. Genießen Sie Ihre Gefühle und Empfindungen, und versuchen Sie, jedesmal ein Stückchen weiter zu gehen, indem Sie die Sexualenergie mehr und mehr im ganzen Körper ausdehnen. Legen Sie es nicht unbedingt auf einen Orgasmus an, bleiben Sie mit Ihrer Aufmerksamkeit bei Ihren Empfindungen, und denken Sie an die Venusschlüssel! Machen Sie sich außerdem in jedem Fall Notizen zu Ihrem Ritual in Ihr Venustagebuch, beobachten Sie auch Ihre Träume. Vereinbaren Sie bald wieder ein Treffen mit sich selbst – mit aller Unsicherheit, Zweifeln und Herzklopfen, die einfach dazugehören, wenn man eine neue Geliebte hat.

Pflegen, kultivieren und behüten Sie Ihre Lust am Frausein über die vielfältigen Schwankungen des Lebens hinweg.

ORGASMUS – AUF DEM HÖHEPUNKT DER LUST

DER ORGASMUS STELLT DEN HÖHEPUNKT DER LUST DAR. VIELE FRAUEN SIND MIT DIESEM THEMA JEDOCH EHER AN EINEM TIEFPUNKT ANGELANGT. DABEI SPIELEN DIE WEITVERBREITETEN UND WENIG HILFREICHEN MYTHEN UM DEN ORGASMUS EINE ROLLE, ABER AUCH DIE UNWISSENHEIT VIELER FRAUEN DARÜBER, WAS SIE DAZU TUN KÖNNEN, UM EINEN BEFRIEDIGENDEN HÖHEPUNKT ZU ERLEBEN.

ORGASMUS-MYTHEN ALLERORTEN

Um kaum ein anderes Thema ranken sich so viele Mythen und teilweise abstruse Vorstellungen wie um den Orgasmus. Der multiple Orgasmus gilt ebenso als das Nonplusultra wie der gemeinsame Höhepunkt von Mann und Frau. Und vermutlich fallen Ihnen noch unzählige weitere orgastische Superlative ein.

Doch es geht hier um etwas anderes. Zuerst einmal: Wenn Ihre Realität eine andere ist, bedeutet das nicht, daß mit Ihnen etwas nicht stimmt. Die meisten Frauen wissen nicht, wie sie öfter zu einem erfüllenden Orgasmus gelangen können, und das liegt nicht etwa daran, daß sie in diesen Dingen unbegabt oder gar frigide sind, sondern vielmehr an der Übermacht der allgemein verbreiteten Ideale, an denen sie meinen, sich orientieren zu müssen. Frauen wie Männer glauben an derartige Übertreibungen und vergessen darüber, wie wichtig die Intimität, das Vertrauen und die Liebe sind – die Grundvoraussetzungen für einen Orgasmus, bei dem das körperliche, seelische und spirituelle Empfinden im Einklang sind.

Sex, der sich nur auf einer körperlichen Ebene abspielt, führt auf Dauer zu einer gefühlsmäßigen und spirituellen Unterforderung, die viele Menschen als Seelenlosigkeit oder als Langeweile erleben. Nicht wenige, die an diesem Punkt nicht weiterwissen, wenden sich irgendwann resigniert von der Sexualität ab.

ECHTE ERFÜLLUNG FÜR KÖRPER, SEELE UND GEIST

Bis auf wenige Ausnahmen wird in der erotischen Literatur ebenso wie in »Erotik«-Filmen ein sehr mechanisches Bild von der weibli-

Lösen Sie sich aus Legenden, was eine Frau im Bett befriedigen sollte. Seien Sie statt dessen bereit, sich als Original zu begreifen!

AUF DEM HÖHEPUNKT

chen Lust gezeigt. Frauen wie Männer glauben, daß diese Darstellungen tatsächlich etwas mit der Sexualität der Frauen zu tun haben und versuchen, ihr Liebesleben entsprechend zu gestalten. Es entsteht das Bild, daß jede halbwegs sinnliche Frau allein dadurch zum Höhepunkt kommen könne, daß der Mann in sie eindringt. Dies ist jedoch weit entfernt von der Realität – und das Gegenteil von einer seelenvollen Befriedigung für Frauen und Männer.

Ebensowenig realistisch ist die Vorstellung, daß Frauen immer ein ewig langes, nicht enden wollendes Vorspiel brauchen und erst nach Stunden befriedigt sind. Auch tantrische oder taoistische Liebestechniken allein garantieren noch kein abwechslungsreiches und befriedigendes Liebesleben. Es gibt nur einen Weg, sexuelle Lust als erfüllend und befriedigend zu erleben, und der besteht darin, unser ganzes Wesen mit seinen seelischen, emotionalen und geistigen Aspekten und Bedürfnissen in die sexuelle Begegnung mit einfließen zu lassen.

SCHLUSS MIT UNBEFRIEDIGENDEN SEXUELLEN BEGEGNUNGEN!

Warum lassen Frauen sich überhaupt auf unbefriedigende sexuelle Begegnungen ein, warum täuschen sie Orgasmen vor, bis sie völlig die Lust und die Hoffnung verlieren? Gründe gibt es genug: Sie lieben ihre Männer, sie möchten nicht als unsinnlich gelten, und sie wissen nicht, wie sie es besser machen können.

Aus diesem Dilemma gibt es nur einen Ausweg: Lassen Sie sich nicht weiter auf ein Liebesspiel ein, von dem Sie nichts haben. Das stumpft Sie nur ab und macht Sie obendrein noch unglücklich.

Aus unbefriedigenden Lust- und Liebeserfahrungen auszusteigen bedeutet, den eigenen Bedürfnissen offen und ehrlich gegenüberzutreten und es vielleicht erst einmal auszuhalten, daß das, was Sie sehen, nicht gerade erfreulich ist, und Sie außerdem nicht wissen, was nun zu tun ist. Füllen Sie diese Momente nicht länger mit Aktivitäten, von denen Sie nur glauben, daß sie etwas mit Ihrer Lust zu tun haben.

Keine Angst mehr zu haben, die männlichen Gefühle zu verletzen, wenn Sie Ihrem Partner ein ehrliches Feedback auf seine Liebeskünste geben, ist ein weiterer Schritt aus der unbefriedigenden Liebes- und Lusterfahrung. Platzen Sie jedoch möglichst nicht einfach damit heraus, sondern verabreden Sie einen geeigneten Moment, in dem Sie in

Wo immer Sie jetzt in Ihrer Orgasmusforschung stehen, lassen Sie sich niemals entmutigen, glauben Sie an Ihr lusterfüllendes Potential!

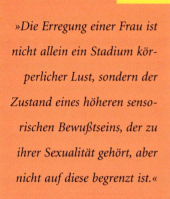

»Die Erregung einer Frau ist nicht allein ein Stadium körperlicher Lust, sondern der Zustand eines höheren sensorischen Bewußtseins, der zu ihrer Sexualität gehört, aber nicht auf diese begrenzt ist.«

(Clarissa Pinkola Estés)

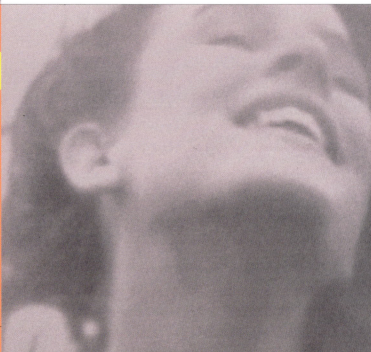

aller Ruhe und liebevoll mit Ihrem Partner darüber reden können. (siehe hierzu auch Venusschlüssel: Kommunikation, Seite 75)
Entscheidend ist aber zunächst vor allem, daß Sie sich selbst von dem Glauben befreien, es liege vielleicht doch nur an Ihnen oder Sie seien womöglich gar frigide, wenn das Liebesspiel bisher nicht sonderlich befriedigend für Sie ist. Und dazu gehört, daß Sie selbst herausfinden, was für Sie lustvolle Möglichkeiten sind, zu einem wirklich befriedigenden Orgasmus zu kommen. Doch zu diesem Zweck ist es zunächst einmal sinnvoll, sich ein wenig mit dem Orgasmus »an sich« zu beschäftigen.

Denn je genauer man weiß, was einem eigentlich fehlt, um so leichter wird es, Mittel und Wege zu finden, das angestrebte Ziel – erfüllende Orgasmen – auch zu erreichen.

WAS BEIM ORGASMUS PASSIERT

Die amerikanischen Sexologen Masters und Johnson erforschten Mitte der sechziger Jahre das sexuelle Verhalten von Frauen und Männern. Ein vollständiger Orgasmus besteht nach ihren Ergebnissen, die bis heute Gültigkeit haben, aus vier Phasen.

AUF DEM HÖHEPUNKT

ERREGUNGSPHASE

Die Erregungsphase beginnt damit, daß erotische Vorstellungen und ein sinnliches Vorspiel in das Verlangen nach sexuellem Ausdruck münden. Wenn die erotischen Gefühle stärker werden, kann das dazu führen, daß die Vagina feucht wird. Wärmegefühle im gesamtem Beckenbereich werden wahrgenommen, und der Wunsch nach genitaler Berührung nimmt zu.

AUFLADUNGS- ODER PLATEAUPHASE

Durch die genitale Berührung oder sexuelle Vereinigung nimmt die sexuelle Spannung in der Aufladungsphase weiter zu, Atmung und Herzrhythmus beschleunigen sich. Durch die aktive Stimulation sowie durch Bewegung steigt die Erregungskurve an und erreicht schließlich die Plateauphase. Frauen brauchen im allgemeinen mehr Zeit als Männer, um diese Phase zu erreichen. In der Plateauphase liegt auch der Schlüssel für befriedigende Orgasmen, denn hier muß die nötige Energie aufgebaut werden, die es braucht, um die – entscheidende – nächste Phase auszulösen.

ORGASMUSPHASE

An der Grenze zur Orgasmusphase beschleunigt sich der Rhythmus der unwillkürlichen Bewegungen von Becken und Körper, und es kommt zu einem charakteristischen Kontrollverlust. Die Orgasmuskurve läuft jetzt auf den Punkt ohne Wiederkehr zu. Durch die verstärkte Durchblutung weiten sich die Geschlechtsorgane und schwellen an – besonders der Bereich um den Eingang der Vagina herum, die Klitoris, Brüste und Brustwarzen. Unwillkürlich steigt von hier die Erregungskurve weiter an, bis sie den Höhepunkt der Energie erreicht. Kontraktionen breiten sich im gesamten Beckenboden aus und erfassen die Innenwände der Vagina, den Bereich um den Anus herum, den gesamten Unterbauch bis hin zur Gebärmutter.

ENTSPANNUNGS- ODER AUFLÖSUNGSPHASE

Nach dem Orgasmus halten die unwillkürlichen Bewegungen und Kontraktionen noch eine Zeitlang an und sind als leichte Wellen oder Vibrationen in der Yoni, im Unterleib oder im gesamten Körper wahrzunehmen. Das normale Verstandesbewußtsein stellt sich wieder ein. Das Blut fließt aus den sexuell erregten Bereichen in den übrigen Kör-

Die Unterteilung des Orgasmus in die einzelnen Phasen geht auf das Forscherteam Masters und Johnson zurück. Sie zählen zu den Begründern der experimentellen Sexualforschung.

UNVOLLSTÄNDIGE ORGASMEN

Der vollständige Energieaufbau und die intensive Erregung aller erogenen Zonen erlaubt es einer Frau, die einzelnen Orgasmusphasen vollständig zu erleben. Unvollständige oder unaufgelöste Orgasmen sprechen dafür, daß zu wenig Energie aufgebaut wird, ein Energieabbruch stattfindet oder zuviel Anstrengung im Spiel ist, um den Orgasmus zu erreichen. Die Frau kommt entweder nicht über ein bestimmtes Energieniveau hinaus und bleibt an der Grenze zwischen Erregungsphase und Aufladungsphase hängen, oder sie kann zum Ende der Aufladungsphase nicht loslassen und die unwillkürliche Orgasmusphase geschehen lassen.

Der Grund für einen Energieabbruch können Überreizung, die vorzeitige Ejakulation des Partners, fehlendes Vertrauen oder mentale Blockaden sein. Ein nicht aufgelöster Orgasmus kann zwar alle oberflächlichen Reaktionen des Körpers zeigen, führt aber nicht in die entspannende auflösende letzte Phase.

Weibliche Lust ist wie ... genußvoll eine Feige essen, Wind in den Haaren, Seide auf nackter Haut, weiches grünes Moos, im Morgentau über eine Wiese laufen, eine zufällige Berührung, der endlose Ozean ...

per zurück. Wenige Minuten nach dem Orgasmus hat die Yoni wieder ihre normale Größe erreicht. Die Frau befindet sich beim Abfall der Erregungskurve wieder auf dem Level der Plateauphase und kann von hier aus leicht neu erregt werden.

SEX UND HERZ

Die meisten Frauen schildern ihre sexuelle Lust als etwas, das sich über den ganzen Körper ausbreitet. Weibliche Lust ist ein ganzkörperliches Erlebnis, das sich aus vielen Einzelheiten zusammensetzt. Und erst wenn sich eine Frau in ihrem gesamten Körper wohl fühlt, wird ihre Erregung auch genital. Dieses Wohlfühlen, die Vorbedingung für sexuelle Befriedigung, entsteht aus dem Zusammenspiel vieler Komponenten: die Erregung und Lust ist abhängig von der Stimmung, der Atmosphäre, der Umgebung und natürlich vom emotionalen Kontakt zum Partner.

SEHNSUCHT NACH WÄRME

Weibliche Sexualität ist immer auch verbunden mit dem Bedürfnis nach Nähe, Wärme und Geborgenheit. Fast jede Frau ist auf die eine oder andere Weise dadurch verletzt und enttäuscht worden, daß sie – allen Bedenken und Zögern in ihrem Herzen zum Trotz – zu schnell einer sexuellen Begegnung zugestimmt oder in sexuelle Praktiken eingewilligt hat, bei denen sie sich emotional nicht angesprochen gefühlt hat. Das heißt keineswegs, daß Frauen nur Kuschelsex wollen. Es bedeutet vielmehr, daß für sie Intimität und Herzenslust die Voraussetzung für genitale Lust und guten, befriedigenden Sex sind. Stehen Sie dazu!

Frauen erleben ihre sexuelle Lust als etwas, das den Körper mit seinen seelischen und spirituellen Aspekten verbindet. Wenn sie ihre Lust in Worte fassen, sprechen sie oft davon, daß sie sich in den ganzen Körper ausdehnen, in einen unbegrenzten Raum des Angenommenseins und der Liebe sowie von einem Gefühl des Friedens oder stillen Glücks. Dabei wirkt sich die sexuelle Befriedigung auf das generelle Lebensgefühl aus und wird nicht nur als eine zeitlich begrenzte und körperliche Erfahrung wahrgenommen.

AUF DEM WEG ZUM ORGASMUS

Der weibliche Höhepunkt ist individuell wie ein Fingerabdruck und grenzenlos entwicklungsfähig. Lösen Sie sich von allen Vorstellungen über den Orgasmus, die Ihnen eher Kopfschmerzen als das erwartete große »Erdbeben« oder die stille Glückseligkeit bescheren. Allein schon indem Sie sich für Ihre Lust öffnen, indem Sie sich Ihrer Sexualität mit wirklichem Interesse nähern, steigt die Wahrscheinlichkeit, daß Sie häufigere und intensivere Orgasmen erleben. Denn Ihre Lust ist so entwicklungsfähig wie Sie selbst!

Es gibt unvergeßliche Orgasmen, deren Auswirkungen Sie noch stundenlang als innere Weite oder Offenheit, als Glanz oder stilles Lächeln wahrnehmen, es gibt völlig undramatische, alltägliche, mühelose, die Ihnen einfach guttun – und solche, die ausbleiben. Wahrscheinlich können Sie selbst bestätigen, daß es für Frauen nicht unbedingt das Ziel jedes Liebesspiels ist, einen Orgasmus zu erreichen. Manchmal geht es auch mehr um eine seelische Berührung, um einen emotionalen Kontakt zum Partner, und die Vereinigung wird auch ohne Orgasmus als sehr befriedigend erlebt. Das Spektrum der orgastischen Erfahrungen ist für Frauen ausgesprochen differenziert und weit gesteckt – es reicht vom klitoralen über den vaginalen bis hin zum Gebärmutterorgasmus.

Unterteilen Sie Ihre Orgasmen nicht in »bessere« oder »schlechtere«. In Wirklichkeit gibt es nur den gegenwärtigen, einzigartigen Orgasmus.

DER KLITORALE ORGASMUS

Die Klitoris bevorzugt leichte Berührungen und Massagen des Schaftes und der Spitze. Auch ein feines Klopfen ist für die meisten Frauen angenehm. Der klitorale Orgasmus ist nicht so lokal begrenzt, wie lange Zeit angenommen, denn in neuesten Forschungen wurde entdeckt, daß die Klitoris mit zwei bis zu neun Zentimeter langen Schenkeln tief in das Gewebe der Yoni hineinreicht. Die Größe diese Schwell-

»Um einen Elefanten zu halten, braucht man einen Pfahl, um ein Pferd zu halten, Zügel, um eine Frau zu halten, um einen Mann zu halten, ein Herz.«

(aus dem Kamasutra)

AUF DEM HÖHEPUNKT

körpers ist also durchaus mit dem männlichen Penis vergleichbar. Ein klitoraler Orgasmus wirkt daher spannungsabbauend, beruhigend, ist schnell zu erreichen und von der Frau leicht zu kontrollieren. Wie ein elektrischer Kontakt überträgt die Klio den Orgasmus in die umliegenden Muskeln der Yoni. Die Kontraktionen erreichen die inneren Muskelschichten und das Gewebe der Yoni und können dort auch orgasmische vaginale Kontraktionen auslösen.

Erotik ist die Kunst, die ureigene Sinnlichkeit zu entdecken und selbstbewußt auszuleben.

Manche Frauen erleben auf dem Höhepunkt ihrer Lust, daß der Göttinnen-Punkt ein durchsichtiges Sekret absondert, das sogenannte weibliche Ejakulat oder den »Nektar der Göttin«.

DER GÖTTINNEN-PUNKT-ORGASMUS

Ein Orgasmus, der durch das Stimulieren des Göttinnen-Punktes ausgelöst wird, unterscheidet sich vom dem klitoralen dadurch, daß er als tiefer, langsamer und entspannender erlebt wird. Die Klitoris ist sozusagen der Kurzwellen-, der Göttinen-Punkt der Mittelwellensender. Zunächst ist ein Orgasmus des Göttinnen-Punktes nicht willentlich zu erreichen. Meist dauert es eine ganze Weile, bis Sie ihn entdeckt und erweckt haben. Die Lustfähigkeit dieses erogenen Punktes wächst mit der Bereitschaft, sich an ihn hinzugeben. Das abwechselnde oder auch gleichzeitige Stimulieren von Göttinen-Punkt und Klitoris erlaubt es Ihnen, die individuellen Orgasmusqualitäten dieser beiden Zonen voll zu entwickeln.

DER VAGINALE ORGASMUS

Gerade auf den ersten zwei bis drei Zentimetern des Yoni-Eingangs erleben Frauen eine Berührung als sehr erregend. Tantriker wissen darum, daß das Tor der Yoni im Wechsel zu tieferem Stoßen stimuliert werden will. Das Geheimnis liegt in der Langsamkeit: Unendlich langsam wird dieser Bereich durch den nur wenige Zentimeter eindringenden Lingam oder mit zwei Fingern zur vollständigen Erregung erweckt, und die Yoni kann gar nicht anders, als den Lingam sehnlichst zu rufen, indem sie mit ihrem PC-Muskel pulsiert. Der vaginale Orgasmus kann mit und ohne zusätzliche Stimulation der Klitoris ausgelöst werden. Es kommt dabei im gesamten Beckenbodenbereich zu einem rhythmischen Pulsieren der Muskeln, wovon auch der Göttinnen-Punkt erfaßt werden kann.

DER ANALE ORGASMUS

Dieser Orgasmus ist stark mit Vorurteilen, Tabus, Ablehnung, Gedanken an Homosexualität sowie unbekannten Ängste belastet. Der Anus, als Teil der Beckenbodenmuskulatur, ist eine hocherogene Zone, die normalerweise durch die Kontraktionen anderer Orgasmen mit in das orgastische Geschehen einbezogen wird. Es braucht seine Zeit, bis genügend Vertrauen aufgebaut ist, eine anale Berührung oder eine anale Penetration zuzulassen. Und weitere Zeit, um dies als lustvoll annehmen zu können. Die Aussprüche »Feuer im Hintern« oder »auf einem Vulkan sitzen« beschreiben annähernd die gewaltige Energie, die freigesetzt werden kann, wenn diese abgelehnte Zone in das orgastische Erleben einbezogen wird. Die intime Massage des Anus vermag dieses enorme, festgehaltene Potential freizusetzen, das oft mit elementaren Ängsten verbunden ist. Ein Orgasmus im Anus hat etwas Erschütterndes und zutiefst Befreiendes, wenn nach anfänglicher Ablehnung, Widerwillen und Schmerzen die festgehaltene Energie wie ein Feuer aufsteigt.

DER GEBÄRMUTTER-ORGASMUS

Hier liegt der Übergang vom rein körperlichen Orgasmus zum subtileren Orgasmus. In der Tiefe der Yoni entwickelt sich der Gebärmutter-Orgasmus aus dem vaginalen Orgasmus. Wenn die vaginalen Kontraktionen stark genug sind, laden sie die Gebärmutter – den Himmlischen Palast, wie die Taoisten sagen – mit feinen Schwingungen auf. Der Gebärmutter-Orgasmus ist wie ein Langwellensender, der sich über weite Strecken und durch viele Ebenen hindurch in ein Erleben erstreckt, das man als »kosmisch« beschreiben könnte und das zu erweiterten Bewußtseinszuständen führen kann. Der Orgasmus im Himmlischen Palast ist wie ein Echo der vorangegangenen Lust. Im Gebärmutterorgasmus erreicht die Frau den tiefsten und gleichzeitig höchsten Orgasmus, in dem Zeit und Raum zu verschmelzen scheinen.

Taoistische Schriften bezeichnen den vorderen Teil des Gebärmutterhalses als Himmlischen Palast, tantrische Schriften zur Liebeskunst nennen ihn den Heiligen Punkt.

HATTE ICH EINEN ORGASMUS?

Die Unterschiede zwischen den einzelnen Orgasmen zu kennen und zu erfahren macht es Ihnen viel leichter, die Frage zu beantworten, ob Sie einen Orgasmus erlebt haben oder nicht. Indem Sie Ihre unterschiedlichen körperlichen Reaktionen bei den verschiedenen Orgasmusarten erforschen und verinnerlichen, gewinnen Sie außerdem zunehmend Vertrauen und werden immer sicherer in bezug auf Ihre Orgasmusfähigkeit.

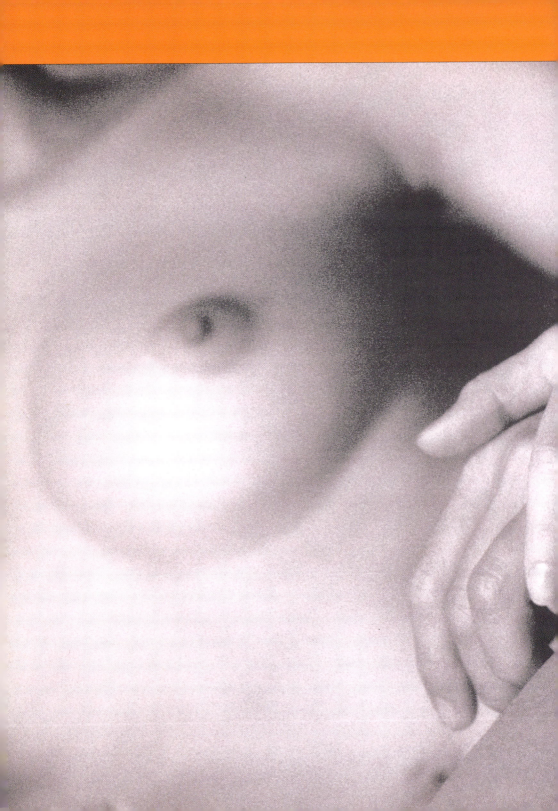

IM TEMPEL DER VENUS

Kleine Übungen für jeden Tag, *sinnliche Entspannungsübungen* allein und mit Partner, *neue Impulse* für das Liebeslager und besondere *tantrische Leckerbissen* – all das finden Sie in diesem aussergewöhnlichen Tempel.

LUSTVOLLE ÜBUNGEN
UND RITUALE DER LIEBE

NACHDEM SIE SICH IN DEN LETZTEN DREI KAPITELN AUF DER GEI-
STIGEN, KÖRPERLICHEN UND SEELISCHEN EBENE VORBEREITET
HABEN, BETRETEN SIE NUN DEN TEMPEL DER VENUS. RICHTEN
SIE IHN SO EIN, WIE ES IHREN PERSÖNLICHEN WÜNSCHEN UND
BEDÜRFNISSEN – UND NICHT ZULETZT IHREN UREIGENEN RHYTH-
MEN DER LUST – ENTSPRICHT.

TEMPEL DER LUST

In allen Kulturen gibt es Orte der Stille, der Konzentration und der Meditation, der Heilung wie der Inspiration des einzelnen durch eine größere Kraft: Tempel.

Im Tempel der Venus haben viele Generationen von Frauen aus unterschiedlichen Traditionen ihr praktisches und geistiges Wissen zusammengetragen, um es Ihnen auf Ihrem weiteren Weg ins lustvolle Frausein zur Verfügung zu stellen. Richten Sie sich damit ganz nach Ihrem persönlichen Geschmack Ihren eigenen Tempel ein, reichlich Inspiration dazu finden Sie in diesem Kapitel.

NEUE IMPULSE UND ALTE GEWOHNHEITEN

Wir alle kennen das, nach der ersten Begeisterung zögern wir gern, neue Impulse auch wirklich umzusetzen und in unseren Alltag zu integrieren – schlimmstenfalls bis wir sie wieder vergessen haben. So entsteht eine Wellenbewegung: wir folgen unseren Impulsen ein Stück weit, lassen uns jedoch von alten Gewohnheiten wieder aufhalten, um später wieder ein Stück weiterzugehen. Werten Sie dieses Auf und Ab als eine ganz natürliche Energiebewegung, kein Tag ist wie der andere, und ebensowenig sind Sie jeden Tag gleich motiviert und inspiriert. Versuchen Sie einfach, diese Wellenbewegung zu erkennen und zu akzeptieren. Versuchen Sie nicht verbissen, etwas zu erzwingen, sondern geben Sie sich dem jeweiligen Augenblick hin, und praktizieren Sie die folgenden Übungen mit den besten Absichten entsprechend Ihrer Tagesform.

Im Tempel der Venus fügen sich der weibliche und der männliche Aspekt des Venus-Prinzips weiter zusammen. Ihre klare Absicht und

---

»So wie die sexuelle Energie dem Menschen vom spirituellen Zustand in den Körper geholfen hat, kann sie ihm auch helfen, sich seines ursprünglichen Zustands von göttlicher Ganzheit wieder voll bewußt zu werden.«

(Elisabeth Haich, Sexuelle Kraft und Yoga)

LUSTVOLLE ÜBUNGEN

Zielgerichtetheit – der männliche Pol – können Sie darin unterstützen, Ihren Tempel zu errichten. Der weibliche Pol, Hingabe und Spontaneität, zeigt Ihnen, was Sie gerade brauchen, um sich darin so richtig wohl zu fühlen.

Betrachten Sie die einzelnen Unterkapitel als die verschiedenen Räume Ihres Venus-Tempels. Alle darin vorgestellten Übungen und Rituale sind in sich abgeschlossen, das heißt, Sie können sie unabhängig voneinander, jede für sich praktizieren oder sich selbst kleine Übungsfolgen zusammenstellen und sich damit das für Sie individuell stimmige Lustprogramm entwerfen. Natürlich ist es dabei auch möglich, innerhalb einer Übungsfolge von Raum zu Raum zu wandern – ganz wie es Ihren aktuellen Bedürfnissen entspricht.

Ich wünsche Ihnen viel Freude dabei, Ihren Tempel der Venus zu beleben und sich darin häuslich einzurichten, wie es Ihrem Temperament, Ihrer Lust und Liebe entspricht. Mit einem ♥ sind alle Übungen gekennzeichnet, die Sie allein machen können, zwei ♥♥ stehen für sinnliche Partnerübungen.

Ihre lebendige Lust bringt Ihnen nicht nur mehr Freude in der Sexualität, sondern ist ganz allgemein die Quelle von Zuversicht, Liebe und Vertrauen.

DEN KÖRPER EINSTIMMEN

Der Körper ist das Instrument, durch das Sie sexuelle Lust erfahren, Liebe und Sinnlichkeit empfinden und mit den feineren Schwingungen Ihrer Seele in Einklang kommen. Wie ein Musikinstrument können Sie auch ihn einstimmen – dazu dienen die folgenden Übungen, Übungsreihen, Meditationen und Rituale.

Meine Empfehlung ist, die Übungen, Übungsreihen oder Meditationen, die Sie allein machen können, jeweils mindestens 21 Tage lang täglich zu praktizieren, da sich in der Regel erst nach dieser Zeit deutliche Veränderungen wahrnehmen lassen und Gewohnheitsmuster ihre Kraft verlieren.

LIEBESPERLEN FÜR JEDEN TAG

WENN SIE MEHR LUST UND SINNLICHKEIT IN IHR LEBEN BRINGEN MÖCHTEN, SOLLTEN SIE SICH REGELMÄSSIG JEDEN TAG EIN WENIG ZEIT DAFÜR NEHMEN. SO INTEGRIEREN SIE DAS NEUE LEBENSGEFÜHL UND STÄRKEN IHRE SEXUELLE KRAFT TAG FÜR TAG – MIT HILFE DER LIEBESPERLEN.

ENTSPANNEN, ZENTRIEREN, KRAFT TANKEN

Liebesperlen sind kleinere Übungen, die Sie jeden Tag für sich allein praktizieren und mühelos in Ihren Tagesablauf integrieren können. Sie dienen der Entspannung oder dem schnellen Auftanken, sie spenden Ihnen Kraft und bringen Sie immer wieder zurück in Ihre Mitte. Und sie sorgen Tag für Tag dafür, daß Sie mit Ihrer Weiblichkeit, mit Ihrer Liebe und sexuellen Lust in Kontakt bleiben.

Als Liebesperlen eignen sich auch Übungen, die Sie schon aus den vorangegangenen Kapiteln kennen: die Busenmassage (Seite 87), Beckenbodenübungen (Seite 96) oder der Innere Geliebte (Seite 55). Eine besonders effektive Übungsreihe mit dem schönen Namen Erotic Gym finden Sie außerdem in der hinteren Umschlagklappe.

❤ DER KOSMISCHE ATEM

Wenn die Wogen des Alltags drohen, Sie mit sich zu reißen, und Sie trotzdem entspannt bleiben wollen, steht Ihnen mit dieser Technik aus dem Tantra-Yoga eine sehr einfache und effektive Möglichkeit zur Verfügung: der Atem im Rhythmus des Kosmos. Je nach Situation können Sie sie im Liegen, Stehen oder Gehen praktizieren.

Während Sie gleichmäßig und mühelos durch die Nase atmen, zählen Sie jeweils beim Ein- und Ausatmen bis vier. Folgen Sie dabei mit Ihrer Aufmerksamkeit dem durch die Nase einströmenden Atem, spüren Sie, wie ein feiner Luftzug die Naseninnenwände und die Luftröhre streift, die Lungen füllt, das Zwerchfell weitet und tief in den Bauch hinunterströmt. Ebenso nehmen Sie den Atemstrom auch bei der Ausatmung wahr.

Folgen Sie diesem Rhythmus für mindestens zehn Minuten oder auch länger, wenn Sie es wünschen. Das Tempo Ihrer Atmung reguliert sich dabei nach einer Weile von selbst.

»Wenn man sich selbst fremd ist, dann ist man auch anderen fremd. Wenn man mit sich selbst nicht in Kontakt ist, dann kann man auch zu anderen nicht in Fühlung treten.«

(Anne Morrow Lindbergh, Muscheln in meiner Hand)

LIEBESPERLEN

♥ VENUS SECRET

Venus Secret ist eine einfache, aber wirkungsvolle Übung, die die Lymphe in Bewegung bringt, körperlichen Streß ebenso wie geistige Anspannung löst und den Energiefluß im gesamten Körper harmonisiert. Selbst auf kleinstem Raum ist Venus Secret eine optimale Lösung mit sofortiger Wirkung zum Streßab- und Energieaufbau.

Stehen Sie stabil, die Füße parallel und etwa hüftbreit auseinander, die Knie leicht gebeugt. Die Arme hängen seitlich am Körper herunter. Beginnen Sie nun langsam mit beiden Armen parallel vor- und zurückzuschwingen. Atmen Sie deutlich hörbar mit einem Ton durch den Mund ein, während die Arme nach vorn und oben schwingen. Beim Zurückschwingen atmen Sie ebenso geräuschvoll aus. Vergessen Sie dabei nicht, die Knie leicht gebeugt zu halten, so können Becken und Oberkörper dem Schwung der Armbewegungen folgen. Auf diese Weise kommt Ihr gesamtes System in Schwung.

Beginnen Sie mit fünf Minuten und steigern langsam auf zehn Minuten. Sitzen oder liegen Sie im Anschluß an diese Übung einige Minuten lang in Stille. Es gibt nun nichts mehr zu tun.

»Ich rufe die Göttin, deren Körper ich in meinem eigenen Körper sich widerspiegeln sehe und fühle. Ich rufe die Göttin, deren Kreis niemals unterbrochen wird, deren Kreis ich angehöre, wo immer ich hingehe.«

(Hallie Iglehart)

❤ ÜBUNGEN MIT DEM YONI-EI

Mit einem Yoni-Ei können Sie die Reflexzonen im Inneren Ihrer Yoni stimulieren und so Ihr energetisches Gleichgewicht fördern.

Yoni-Eier gibt es in verschieden Größen und aus unterschiedlichen Mineralien, die in Form eines Eis geschliffen sind. Yoni-Eier aus Bergkristall energetisieren kalte, gefühllose Stellen und bringen verloren geglaubte Empfindungen wieder. Eier aus Calcit wirken stoffwechselanregend und stärken das Selbstvertrauen, solche aus Rosenquarz helfen bei sexuellen Schwierigkeiten und fördern die Fruchtbarkeit.

Yoni-Eier sind senkrecht durchbohrt, so daß Sie einen Faden befestigen können, um sie leicht ein- und auszuführen. Vor dem ersten Gebrauch sollten Sie Ihr Yoni-Ei samt Faden für 15 Minuten auskochen, danach wann immer Sie wünschen. (Bezugsquelle für Yoni-Eier siehe Seite 155)

YONI-EI-ENERGIEÜBUNG

Machen Sie Übungen mit einem Yoni-Ei nur, wenn Sie entspannt und in Kontakt mit Ihrer Yoni sind. Bevor Sie das Yoni-Ei einführen, legen Sie wärmend Ihre Hände auf den äußeren Bereich Ihrer Gebärmutter und Ihrer Yoni. Schicken Sie gute Gedanken und ein Inneres Lächeln zu Ihren Geschlechtsorganen. Sie können das Yoni-Ei im Stehen, im Liegen oder in der Hocke einführen. Halten Sie dann einen Moment lang inne und nehmen Gewicht das und die Temperatur des Eis in Ihrer Yoni wahr. Aktivieren Sie nun, wie bei den Beckenbodenübungen auf Seite 96 beschrieben, Ihren Liebesmuskel und umschließen damit das Yoni-Ei. Im nächsten Schritt entspannen Sie wieder den PC-Muskel und drücken mit der Ausatmung das Ei nach unten zum Ausgang der Vagina. Bevor das Ei herausrutscht, saugen Sie es mit der Einatmung und indem Sie den PC-Muskel erneut aktivieren, wieder nach oben. Wiederholen Sie diese Übung, solange es sich gut für Sie anfühlt, und dehnen sie zeitlich immer ein wenig länger aus.

Wenn Sie die Eier-Übung beendet haben, spüren Sie noch für eine Weile nach, welche Veränderungen Sie jetzt im gesamtem Beckenbereich wahrnehmen können. Wärme, Wohlbefinden oder mehr Lebendigkeit? (Wenn Sie ein Ziehen oder Spannungen empfinden, dann haben Sie vielleicht zuviel des Guten getan. Übertreiben Sie nicht!) Die aktivierte Energie können Sie mit Hilfe Ihrer Vorstellung zu der Stelle in Ihrer Yoni schicken, die Heilung, mehr Energie oder Entspannung braucht.

Auch ein leicht geschwungener Stab aus Regenbogenobsidian, in die Yoni eingeführt und eine Weile dort belassen, kann wahre Wunder wirken, denn er zeichnet sich durch heilsame Qualitäten aus.

SINNLICHE ENTSPANNUNG

SINNLICHE ENTSPANNUNG
ALLEIN UND ZU ZWEIT

ENTSPANNUNG KOMMT IN UNSEREM ALLTAG OFT VIEL ZU KURZ. DABEI IST SIE SO IMMENS WICHTIG – FÜR UNSER WOHLBEFINDEN IM ALLGEMEINEN WIE FÜR UNSER LIEBESLEBEN IM BESONDEREN. SINNLICHE ENTSPANNUNGSÜBUNGEN SIND EIN ELIXIER FÜR EIN LEBEN VOLLER EROTIK UND SEXUELLER LUST.

BALSAM FÜR DIE SEELE

Entspannung gehört zu den wichtigsten Dingen im Leben und Lieben. Ein entspannter Körper ist viel sensibler für Berührungen und Empfindungen aller Art. Entspannung ist Balsam für die Seele und sorgt dafür, daß Körper und Geist sich regenerieren können. Sie hilft Ihnen, sich von Vergangenem zu lösen und im jetzigen Augenblick anzukommen – und dadurch erhöht sich auch die Intensität der sinnlichen Wahrnehmung. Durch entspannende Berührungen gelangen Sie auf sinnliche Weise in den Tempel Ihres Körpers, Ihres Geistes und Ihrer Seele.

❤/❤❤ KAFUNÉ

Oft sind es die ganz einfachen Dinge, die entspannend wirken und uns das Gefühl geben, angekommen zu sein. Kafuné gehört zu diesen einfachen Dingen. »Kafuné« sagen Kinder in Brasilien, wenn sie den Kopf gekrault und massiert haben wollen. Schon der Klang des Wortes läßt auf einen hohen Entspannungsfaktor schließen.

KOPFMASSAGE

Nehmen Sie Ihren Kopf liebevoll in die Hände (oder geben Sie ihn in die guten Hände Ihres Partners ab). Gönnen Sie sich eine entspannende Kopfhautmassage, mit kräftigem Druck, sachtem Trommeln der Fingerkuppen und einem vorsichtigen Ausstreichen der Haare.

OHRMASSAGE

Von dort ist es nicht weit zu einem der sinnlichsten Organe überhaupt: den Ohren. Die Ohren stellen eine weitere Reflexzone des Organismus dar, eine Ohrmassage kommt also dem gesamten Körper zugute.

Entspannung ist im Gegensatz zu Anspannung, Müdigkeit oder Überreizung eine wache, freudige Gegenwärtigkeit im Augenblick.

Die weichen Ohrläppchen und die knorpeligen Ohrmuscheln lieben es, zwischen zwei Fingern geknetet zu werden. Massieren Sie mit kleinen kreisenden Bewegungen an den Konturen der Ohren entlang und beenden diese entspannende Liebkosung, indem Sie für einige Minuten die Ohrmuscheln mit den Handflächen vollkommen verschließen und sich dem inneren Wohlgefühl hingeben.

GESICHTSMASSAGE

In unserer Mimik spiegelt sich unser aktuelles Befinden, aber auch längerfristige gesundheitliche und emotionale Dispositionen sind im Gesicht ablesbar. Auch im Gesicht gibt es Reflexzonen für den gesamten Körper sowie Bereiche, die bestimmten Gefühlen zugeordnet sind. Es ist deshalb kein Wunder, daß eine Gesichtsmassage zutiefst entspannend wirkt. Es lohnt sich, vorher und nachher in den Spiegel zu schauen. Die Unterschiede sind oft frappierend!

Achten Sie bei einer Gesichtsmassage darauf, daß Sie die Massagestriche jeweils von der Mitte des Gesichts nach außen hin ausführen. Folgen Sie dabei dem natürlichen Verlauf der Gesichtsknochen, und variieren Sie die Stärke des Drucks.

FUSSMASSAGE

Nicht umsonst sagt man »Ich möchte dir die Füße küssen« – Ihre Füße tragen Sie den ganzen Tag und haben wirklich Ihre besondere Aufmerksamkeit verdient. Die Füße sind äußerst sensibel und empfänglich für Berührungen, da sie eine weitere Reflexzone für den gesamten Körper darstellen. Nehmen Sie die Füße zu Beginn der Massage für eine Weile einfach in Ihre Hände. Verwenden Sie ein Massageöl und streichen abwechselnd mit kräftigen und sanften Griffen zuerst den gesamten Fuß von den Fersen zu den Zehen einige Male aus. Wechseln Sie dann verschiedenen Griffe ab. Eine sedierende, entspannende Wirkung haben alle großflächigen Berührungen, wie mit den Handballen oder der flachen Hand. Tonisierend, anregend wirkt es dagegen, wenn Sie mit dem Druck des Daumens oder der Handknöchel arbeiten; ballen Sie Ihre Hand dazu zur Faust. Lassen Sie sich von den Konturen des Fußes in Ihrer Massage führen. Massieren Sie von der Fußmitte nach außen und von der Ferse zu den Zehen. Widmen Sie sich jedem einzelnen Zeh und massieren auch die Zehenzwischenräume. Fußmassagen führen zu wahren Wonnen der Entspannung.

Gesicht und Kopfhaut freuen sich ganz besonders über sinnliche Berührungen.

SINNLICHE ENTSPANNUNG

❤❤ DER PULS DES LIEBENS

Wenn Sie genau hinspüren, können Sie an jeder Stelle Ihres Körpers ein feines Pulsieren der Körperenergie wahrnehmen. Mit jedem Pulsschlag zirkuliert Blut durch unsere Adern, doch auch feinstoffliche Energien kreisen in unserem Körper. »Tibetan Pulsing« ist eine Methode, welche diese energetischen Kreisläufe erforscht und Wege gefunden hat, wie Partner in einem gemeinsamen Energiekreislauf entspannen und ihre Energien harmonisieren können.

In dieser Partnerübung ist jeweils ein Partner für etwa 30 Minuten der Empfangende und dann der Gebende. Wählen Sie für diese Liebesmeditation zwei energetische Musikstücke (wie zum Beispiel Klangfeldmusik von Shantiprem) in der entsprechenden Länge aus.

Die Stellung beim Puls des Liebens: Plazieren Sie Ihre Füße rechts und links neben den Genitalien Ihres Partners. Fassen Sie mit den Händen seine Füße

Der Puls des Liebens ist eine sehr feine, doch intensive Erfahrung, die auf einfache Weise große Intimität zwischen den Partnern schafft.

Nachdem beide Partner sich, auf dem Rücken liegend, mit angewinkelten Knien so plaziert haben, daß sie gut mit den Händen die Füße des anderen erreichen können, umfaßt der gebende Partner die Fußfesseln des Empfangenden und versucht, dessen Pulsschlag wahrzunehmen. Der Puls ist leicht auf der Gelenkinnenseite zu ertasten. Wenn Sie nach einer Weile deutlich ein Pulsieren oder Klopfen spüren, plazieren Sie vorsichtig Ihre Füße rechts und links neben die Genitalien des empfangenden Partners (siehe Abbildung auf Seite 121). Dabei hilft Ihnen Ihr Partner, die richtige Position zu finden und einen Druck auszuüben, der für ihn angenehm ist. Der empfangende Partner legt seine Hände flach auf die Füße des gebenden Partners.

Atmen Sie beide hörbar durch den leicht geöffneten Mund ein und aus, und bleiben Sie mit Ihrer Aufmerksamkeit für eine Weile bei Ihrem Atem. Sind Sie der aktive Partner, geben Sie nun abwechselnd Impulse mit den Händen und dem linken Fuß. Der rezeptive Partner liegt entspannt und läßt sich in die innere Erfahrung dieser Berührungen gleiten. Der aktive Partner hebt zuerst wie in Zeitlupe den linken Fuß so weit, bis er fast keine Berührung mehr spürt; sein Fuß schwebt über der linken Seite der Genitalien. Konzentrieren Sie sich dabei auf den Pulsschlag, den Sie in den Handflächen an den Fußfesseln Ihres Partners ertastet haben.

Jetzt bringen Sie ebenso langsam Ihren linken Fuß wieder zurück und verstärken allmählich den Druck Ihres Fußes an der linken Seite der Genitalien. Gleichzeitig lösen Sie kontinuierlich im Zeitlupentempo Ihre Hände von den Fußfesseln des Partners, bis Sie sie fast nicht mehr berühren. Zwischen diesen zwei Impulsen wechseln Sie in gleichmäßigem Rhythmus ab. Der rechte Fuß ruht dabei ohne wesentlichen Druck die ganze Zeit über an der rechten Seite der Genitalien Ihres Partners. Wechseln Sie die Rollen nach einer Pause von 10 bis 20 Minuten, und beginnen Sie in der beschriebenen Art und Weise. Tauschen Sie Ihre Erfahrungen miteinander erst aus, nachdem Sie die aktive und passive Rolle erlebt haben.

Diese Übung kann tiefe Verspannungen auf allen Ebenen lösen. Wahrnehmungen von Wärme, Schauer, ein Zucken oder Strömen, plötzliche Emotionen von Freude und Lust bis hin zu Trauer sind möglich. Wichtig dabei ist, daß Sie die Übung nicht abbrechen, sondern in Ihrem gleichmäßigen Rhythmus fortfahren, während die Wellen der Wahrnehmungen und Empfindungen kommen und gehen.

ENERGIEÜBUNGEN

ENERGIEÜBUNGEN FÜR DEN FREIEN FLUSS DER LUST

WENN DIE ENERGIE NICHT FLIESST, DANN KANN AUCH KEINE LUST AUFKOMMEN. DAHER HABEN ÜBUNGEN, DIE SPANNUNGEN UND BLOCKADEN LÖSEN UND DIE KÖRPERENERGIEN IN FLUSS BRINGEN, DIREKTE POSITIVE AUSWIRKUNGEN AUF DAS LIEBESLEBEN. WENN DIE ENERGIE FLIESST, DANN FLIESST AUCH DIE LUST.

ENERGIE FÜR DIE LIEBE

Viele Frauen kennen einerseits eine ständige Grundanspannung im Unterleib, wie ein Ziehen in den Eierstöcken, Krämpfe, ein diffuses Spannungsempfinden und/oder Schmerzen im unteren Rückenbereich. Andererseits erleben sie oft nur einen schwachen oder gar keinen Orgasmus, weil die sexuelle Energie nicht ausreichend aufgebaut werden kann oder blockiert ist. Lange bevor Spannungen oder Schmerzen sich jedoch in einer akuten oder chronischen Erkrankung manifestieren, kann man einen blockierten Energiefluß in diesen Bereichen feststellen. Der freie Fluß der Lebensenergie ist jedoch eine wesentliche Grundvoraussetzung für die befriedigende und vollständige Liebeserfahrung.

Mit den folgenden anregenden Übungen können Sie Energieblockaden aufweichen und den Energiefluß im Becken sowie im gesamten Körper erhöhen.

❤/❤❤ BECKENPRELLEN

Legen Sie sich flach auf den Rücken und schieben ein oder mehrere dicke Kissen oder Decken unter Ihr Becken. Im ersten Teil dieser Übung winkeln Sie die Beine so weit an, daß Sie bei gegrätschten Beinen einen sicheren Stand haben. Die Füße stehen dabei flach auf dem Boden, und Sie atmen durch den Mund ein und aus. Heben Sie das Becken mit der Einatmung ein wenig an und lassen es mit der Ausatmung auf das Polster fallen.

Steigern Sie das Tempo langsam, und nehmen Sie sich 15 bis 20 Minuten Zeit, um Ihr Becken energetisch aufzuladen. Setzen Sie Ihre Stimme ein, um aufkommende Gefühle und Empfindungen wie

»*Das Problem weiblicher sexueller Störungen ist die letzte Grenze der Frauenbewegung.*«

(Laura Berman, Biologin und Sexualtherapeutin)

Ängstlichkeit, Wut, Trauer, Freude oder Erleichterung auszudrücken, die Sie mit dieser Übung in Bewegung setzen. Folgen Sie den Impulsen Ihres Beckens, wenn es sich wilder, schneller oder langsamer und sanfter bewegen will.

Strecken Sie zum Abschluß der Übung die Beine aus und liegen für eine Weile still. Wie fühlen sich Ihr Becken und Ihr Unterleib jetzt an? Machen Sie keine aktiven Bewegungen mehr; wenn Ihr Körper sich von selbst bewegen möchte, lassen Sie es geschehen.

❤/❤❤ BECKENSCHAUKEL

Die Beckenschaukel können Sie im Stehen, Sitzen oder Liegen praktizieren. Dabei gehen Sie folgendermaßen vor: Stehen Sie entspannt hüftbreit, die Füße parallel, die Knie leicht gebeugt. Oder hocken Sie im Fersensitz zwischen Ihren Beinen. Oder winkeln Sie die Beine auf dem Rücken liegend an, während Sie die Füße so weit wie möglich in Richtung Po ziehen.

Kippen Sie nun das Becken im Wechsel nach vorn und nach hinten, wobei Sie ins Hohlkreuz gehen. Achten Sie darauf, daß Ihre Bewegungen nur aus dem Becken kommen; Oberkörper und Rücken sollten sich dabei nur so viel bewegen, wie sich aus dem Beckenschaukeln natürlicherweise ergibt.

Atmen Sie durch den Mund, und koordinieren Sie die Kippbewegung des Beckens mit Ihrer Atmung. Atmen Sie ein, während das Becken nach vorn kippt, und aus, wenn Sie das Becken nach hinten bewegen. So bauen Sie auf sanfte, jedoch äußerst kraftvolle Weise sexuelle Energie auf.

Um den Unterschied wahrzunehmen, probieren Sie auch einmal die Beckenschaukel mit der umgekehrten Atmung: Das Becken kippt nach hinten, Sie atmen ein – das Becken kippt nach vorn, Sie atmen aus. Dies entspricht dem üblichen Bewegungsrhythmus beim Sex: die Schambeine stoßen aufeinander, und Sie bauen so schnell viel Energie auf, die jedoch weniger subtil und tiefgehend ist als bei der ersten Atemtechnik.

DIE BECKENSCHAUKEL MIT EINEM PARTNER

Die Beckenschaukel ist auch eine kraftvolle Übung, um gemeinsam als Paar Energie aufzubauen. Stehen oder sitzen Sie einander gegenüber und halten Augenkontakt, während Sie die Beckenschaukel wie

Die einstündige Kundalini-Meditation ist sehr hilfreich, um Energieblockaden aus dem gesamten Körper auszuschütteln und sich dem freien Lauf der Energie zu überlassen. Sie ist auf CD/MC erhältlich.

ENERGIEÜBUNGEN

Wer liebt sie nicht, die Löffelchenstellung? Durch die Beckenschaukel verleihen Sie Ihr eine ganz neue Dimension.

oben beschrieben praktizieren. Oder liegen Sie in der Löffelchenposition und kippen Ihre Becken im gemeinsamen Rhythmus vor und zurück. Eine spürbare Wirkung zeigt die Beckenschaukel nach etwa 10 bis 15 Minuten.

In einer Erweiterung der Beckenschaukel können Sie Ihren Beckenbodenmuskel mit hinzunehmen. Beim Einatmen und der Kippbewegung nach vorn aktivieren Sie Ihren Beckenboden, und beim Ausatmen und der Beckenbewegung nach hinten lassen Sie den PC-Muskel wieder los.

Das Chakrensystem stellt in seiner Komplexität einen ganz eigenen Erfahrungsbereich dar. Mittlerweile finden auch westliche Mediziner einen Zugang zu diesem feinstofflichen Energiesystem.

CHAKREN UND DER ENERGIEFLUSS IM KÖRPER

Als Teil der subtileren menschlichen Biologie kennen alle esoterischen Schulen das System der Chakren. Sie sind als psychische Energiezentren oder »Organe« des feinstofflichen Körpers zu verstehen. Chakren können Energie aufnehmen und abgeben, sie stehen als vermittelnde und transformierende Kraft zwischen der kosmischen und der irdischen Energie. C.G. Jung nannte Chakren »Tore des menschlichen Bewußtseins«. Chakra bedeutet Energierad oder -scheibe. Die einzelnen, sich drehenden Chakren liegen auf einer senkrechten Achse in geringem Abstand zur Wirbelsäule. Jedes Chakra ist einer bestimmten Körperregion zugeordnet, und von jedem geht ein spezifischer Antrieb und eine Wirkung aus (siehe Tabelle Seite 128 und 129). Nach dem System des Kundalini-Yoga entsprechen jedem Chakra zudem bestimmte geistig-körperliche Eigenschaften, die durch die Chakra-Übungen (Seite 130 bis 131) gestärkt und ins Gleichgewicht gebracht werden können.

CHAKRA-TANZ

Tanzen ist eine wunderbare Möglichkeit, die Chakren in Bewegung zu halten und ihre spezifischen Energiequalitäten zu erfahren. Sie können sich für einen Chakra-Tanz selbst ein Band zusammenstellen. Im folgenden finden Sie dafür einige Musikempfehlungen. Überlassen Sie sich dem Tanz, und verwenden Sie wieder alle Venusschlüssel, bis Freude und Lust in Ihnen sprudeln.

1. Chakra: Gabrielle Roth: »Bones«
2. Chakra: Shantiprem: »Im Garten der Liebe«, Stück 1 oder 7
3. Chakra: Ottmar Liebert: »Nouveau Flamenco«, Stück 1
4. Chakra: Synchestra: »Mother Earth's Lullaby«; Karunesh: »Sounds of the Heart«
5. Chakra: Sheila Chandra: »Quiet«; Opernarien wie »Diva«
6. Chakra: Shantiprem: »Im Garten der Liebe«, Stück 4; Anugama: »Float«, »Like the Ocean«
7. Chakra: Shantiprem: »Music for Lovers«, Stück 2; Anugama: »Shamanic Dream«
(Wenn keine Stücknummer angegeben ist, sind alle Stücke auf der jeweiligen CD passend.)

ENERGIEÜBUNGEN

Medial begabte Menschen, die den Astralkörper des Menschen sehen können, beschreiben die Chakren auch als Lotosblüten mit unterschiedlich vielen Blütenblättern, und so werden sie auch auf traditionellen Abbildungen dargestellt. Die Zahl der Blütenblätter entspricht der Anzahl der von dem jeweiligen Chakra ausstrahlenden Nadis. Das sind Energiebahnen für den feinstofflichen Energiefluß, über die jedes einzelne Chakra des gesamten Körpers genährt wird. Das läßt sich noch besser verstehen, wenn man die Verbindung der Chakren zum endokrinen Drüsensystem sieht, das für den Hormonhaushalt im Körper zuständig ist. So nimmt der Energiefluß in den Chakren Einfluß auf unser gesamtes Befinden – insbesondere auch auf das vitale, lustvolle Erleben unserer sexuellen Kraft.

7 Kronenchakra
6 Drittes Auge
5 Kehlchakra
4 Herzchakra
3 Solarplexus
2 Nabelchakra
1 Basischakra

»Wie Antennen Radiowellen auffangen und diese durch Empfangsgeräte in Töne umgewandelt werden, fangen die Chakren kosmische Vibrationen auf und verteilen sie im ganzen Körper.«

(B.K.S. Iyengar, indischer Yogalehrer)

CHAKREN-TABELLE

Chakra	Kontaktpunkt	Organ u. endokrine Drüse	Antrieb u. Wirku
1. Chakra Wurzel-Basis-Chakra	unteres Ende der Wirbelsäule Damm, Perineum zwischen Genitalien und Anus	Sexualorgane Sexualdrüsen Eierstöcke, Hoden, Nebenhoden	Kraft für die phys Existenz auf dies Erde Fundament Überlebenswille
2. Chakra Nabelchakra Sitz des Hara	3. Steißbeinwirbel	Nieren, Milz, Nebennierendrüsen	Sexualtrieb instinktive Intuit
3. Chakra Solarplexus Sonnengeflecht	in der Mitte der Rippenbögen	Leber, Verdauungsorgane, Bauchspeicheldrüse	Entschlossenhei Mut, persönliche Macht
4. Chakra Herzchakra	Mitte des Brustbeins, 5. Rückenwirbel	Herz Thymusdrüse	Vereinigung von Gegensätzen
5. Chakra Kehlkopfchakra	1. Halswirbel	Hals, Kehle, Schilddrüse	Verfeinerung der Energie
6. Chakra Drittes Auge	zwischen den Augenbrauen über der Nasenwurzel	Nasennebenhöhlen, Hypophyse	Vision und Klarh
7. Chakra Kronen-, Scheitel-Chakra	Scheitelmittelpunkt	Zirbeldrüse	Sein in der kosm schen Einheit, göttliche Eingebungen

ENERGIEÜBUNGEN

ockierter ergiefluß	Freier Energiefluß	Sinnesorgan Sinn	Farbe
ergroße Ängstlich-t, sexuelle Schuld-ühle, gst, zu kurz zu mmen	Ja zum Leben, Risikobereitschaft, Freude und Lust an der Sexualität	Mund Geschmackssinn	Rot
beweglichkeit ßlosigkeit auf en Ebenen	Offenheit u. Annahme der gefühlsmäßigen Bedürfnisse in der Sexualität	Nase Geruchssinn	Orange
gst vor Ablehnung, nipulation ntrolle mpf, Sucht scheidungsschwie-keiten	Selbstachtung, Kooperationsbereit-schaft, kreatives Umsetzen von Ideen, Energie bündeln u. ausrichten können	Tastsinn körperliches Emp-finden	Gelb
ismus, Hartherzig-t, Zerrissenheit, der Liebe ver-ließen, mangeln-Einfühlungsver-gen	sich mitfühlend und liebend dem anderen öffnen, Begeiste-rungsfähigkeit, Berührbarkeit, Hingabe	Gefühle Intuition	Grün Rosa
ß im Hals, sstarrigkeit, gst zu sprechen, ig seelische Ver-dung nach innen	Kreativität, Umset-zung der inneren Erfahrungen, sich ausdrücken können, Kommunikation mit anderen, Wunsch, auch nach innen zu lauschen	Hör- und Sprach-organe, Gehörsinn	Violett
e Vorstellung im keln tappen, Lebensziel, ühl von Sinn-gkeit	erleben der Einheit von Innen und Außen, Hellsichtigkeit, spiri-tuelle Erfahrungen	Wahrnehmung	Blau
Einheit nicht rnehmen können	Erfahrungen des rei-nen Bewußtseins, uni-verselle Weisheit, Frie-den, Glückseligkeit	reines Bewußtsein	Weiß reines Licht

Experimentieren Sie auch mit den verschiedenen Farben, um bestimmte Chakren zu aktivieren. Kleiden Sie sich beispielsweise grün oder rosa, um Ihr Herz-chakra zu stärken.

Beleben Sie Ihre Chakren, indem Sie sie mit ätherischen Ölen betupfen oder massieren: 1. Chakra: Zypresse, Bergamotte, Myrrhe • 2. Chakra: Sandelholz, Zimt, Ylang-Ylang • 3. Chakra: Wacholder, Verbena, Lavendel, Kamille • 4. Chakra: Melisse, Rose, Jasmin • 5. Chakra: Eukalyptus, Rosmarin, Salbei • 6. Chakra: Immortelle, Pfefferminze • 7. Chakra: Lotos, Styrax

❤ CHAKRA-ÜBUNGEN

Sexuelle Lust und Sinnlichkeit sind ein Ausdruck von Gesundheit und Lebendigkeit. Chakra-Übungen beleben nicht nur den Körper, sondern gleichen auch unser feinstoffliches Energiesystem aus, das ebenso für das seelische wie geistige Gleichgewicht verantwortlich ist. Sie können die Chakren und damit den allgemeinen Energiefluß auf sehr unterschiedliche Weise aktivieren und so auch Ihre Liebeslust steigern, während Sie gleichzeitig Ihre Sinne weiter verfeinern. Zur Vorbereitung auf den Feueratem-Orgasmus (Seite 142) und das Spiel auf der Inneren Flöte (Seite 149) eignen sich die folgenden Übungen, die auf jedes einzelne Chakra abgestimmt sind.

BASISCHAKRA

Stehen Sie hüftbreit mit leicht gebeugten Knien, und sehen Sie vor Ihrem inneren Auge, wie starke Wurzeln von Ihrem Steißbein und den Fußsohlen aus in die Erde wachsen. Stellen Sie sich nun vor, wie Sie durch diese Wurzeln und mittels Ihrer Atmung kräftigende Erdenergie in sich ziehen und Ihren gesamten Beckenbereich damit füllen.

Das erste Chakra können Sie außerdem mit allen erdenden Übungen aktivieren. Dazu gehören Joggen, Tanzen, Trampolinspringen und ähnliche Aktivitäten, bei denen Sie richtig ins Schwitzen kommen und den Boden unter den Füßen spüren.

NABELCHAKRA

Sitzen, stehen oder liegen Sie bequem. Formen Sie mit den Händen eine Schale, die Sie vor Ihren Unterbauch halten. Schenken Sie Ihrem Bauch Ihre volle Aufmerksamkeit; nehmen Sie alle Bedürfnisse wahr, die sich hier gesammelt haben, und lassen Sie sie in die Schale fließen. Dann legen Sie sanft eine Hand auf den Bauch, eine aufs Herz. Nehmen Sie so Ihre Bedürfnisse in Ihr Herz, und nähren Sie sie mit Herzenergie, während Sie die Verbindung zwischen den Händen spüren.

SOLARPLEXUSCHAKRA

Verstärken Sie in sich das Gefühl, schwach, klein, zusammengefallen und wertlos oder ein Opfer der Umstände zu sein. Stellen Sie sich dazu hin, lassen Kopf und Schultern hängen und Ihren Oberkörper so in sich zusammenfallen, daß der Solarplexus verschlossen ist. Verschränken Sie die Arme, und spüren Sie in diese Haltung hinein.

ENERGIEÜBUNGEN

Beginnen Sie dann, sich ganz langsam aufzurichten, weiten Sie den gesamten Oberkörper, und dehnen Sie ihn sanft nach hinten wie einen Bogen. Nehmen Sie die Arme dabei ganz weit auseinander. Stellen Sie sich gleichzeitig vor, wie in Ihrem dritten Chakra die Sonne aufgeht und Sie im Bereich des Solarplexus und der Brust ganz weit werden.

HERZCHAKRA

Sitzen Sie im Schneidersitz und verschränken die Hände so ineinander, daß die Arme eine Waagrechte in Höhe der Schultern bilden. Wippen Sie dann gut zwei Minuten lang mit den Armen auf und ab, wobei Sie immer schneller werden. Danach legen Sie sachte die Hände auf Ihr Herz, fühlen Ihren Herzschlag und fragen sich: »Was braucht mein Herz, um heil zu sein?« Machen Sie eine sich öffnende Handbewegung, und spüren Sie, wieviel Raum sich die Herzqualität in Ihrem Leben und Lieben wünscht.

KEHLKOPFCHAKRA

Sitzen Sie im Schneidersitz oder auf einem Stuhl, die Hände auf den Oberschenkeln. Schließen Sie die Augen, und konzentrieren Sie sich auf den Halsbereich. Atmen Sie durch den leicht geöffneten Mund ein, und machen Sie dazu ein deutliches Tüsch-Tüsch – wie eine Dampflok. Stoßen Sie dann den Atem wieder aus. Wiederholen Sie dies drei- bis fünfmal, und spüren Sie nach, wie sich Hals und Kehle jetzt anfühlen.

DRITTES AUGE

Sitzen Sie im Schneidersitz oder aufrecht auf einem Stuhl, und schließen Sie die Augen. Strecken Sie die Arme seitlich aus, und schließen Sie die Hände zur Faust, wobei die Daumen nach oben zeigen. Mit der Ausatmung durch den geöffneten Mund führen Sie die Arme in großem Bogen seitlich über den Kopf, bis sich die Daumen berühren. Mit dem Einatmen führen Sie die Arme wieder zurück. Richten Sie Ihre Aufmerksamkeit auf die Stirnmitte, und üben Sie zwei Minuten lang.

SCHEITELCHAKRA

Legen Sie sich ins Gras oder auf Ihren Balkon, und schauen Sie entspannt in den Himmel. Beobachten Sie, wie die Wolken ziehen oder die Sterne funkeln, und nehmen Sie die unermeßliche Weite und Klarheit des Himmels in seiner stillen Vollkommenheit in sich auf.

In der Chakraatmung können Sie mit Hilfe von Atmung, Bewegung und Vorstellungskraft Chakra für Chakra aktivieren. Anleitung und gleichzeitig Begleitung dafür finden Sie auf entsprechenden CDs im Handel.

NEUE IMPULSE FÜR DAS LIEBESLAGER

EINE LANGJÄHRIGE PARTNERSCHAFT LEBT DAVON, IMMER WIEDER NEUE IMPULSE ZU BEKOMMEN. GERADE IN LIEBE UND EROTIK IST ES WICHTIG, EINANDER IMMER WIEDER NEU ZU ENTDECKEN UND DIE INTIMITÄT ZU VERTIEFEN. IN DIESEM KAPITEL FINDEN SIE DAZU EINIGE LUSTVOLLE ANREGUNGEN.

PARTNERSCHAFT UND INTIMITÄT

Sie betreten jetzt den Raum in Ihrem Venustempel, der insbesondere der Pflege Ihrer Partnerschaft vorbehalten ist. Mit den folgenden Übungen setzen Sie neue Impulse für Ihr gemeinsames Liebes- und Beziehungsleben, um erfüllendere Erfahrungen miteinander zu machen, andere Seiten aneinander zu entdecken und die Intimität mit Ihrem Partner zu vertiefen.

INTIMITÄT

Die meisten von uns haben so wenig echte Erfahrung mit Intimität, daß ihnen schon das Wort rätselhaft erscheint und diffuse, sehnsüchtige bis ängstliche Gefühle wachruft. Intimität ist ein abgenutztes Wort, mit dem wir umschreiben, daß wir mit jemandem geschlafen haben – »wir sind intim geworden« –, doch guter Sex allein reicht für dauerhafte Intimität in der Liebesbeziehung nicht aus.

Intimität in einer sexuellen Beziehung ist prinzipiell nichts anderes als Intimität in einer Freundschaft. Sie ist vielmehr der substantielle Kern von Liebe und Freundschaft. Gemeinsame Interessen trotz aller Verschiedenheit und ein stetiger, ehrlicher Austausch sind Voraussetzungen für den Bestand aller Liebesbeziehungen und dauerhaften Freundschaften.

Intimität schafft Wärme, Geborgenheit und emotionale Sicherheit. Fehlt sie, dann fühlen wir den akuten Schmerz, einander fremd, isoliert, getrennt zu sein. Die Fähigkeit zur Intimität erfordert eine Menge Vertrauen: wir müssen bereit sein, die geheimsten und berührbarsten Seiten unseres Selbst zu offenbaren – und im Gegenzug überzeugt sein, diese Seiten unseres Partners akzeptieren zu können, ohne überfordert zu werden.

> »Wenn der Garten der Lüste nicht gepflegt wird, öffnen sich die Tore zum Garten der Schrecken von selbst.«
>
> (Luisa Francia)

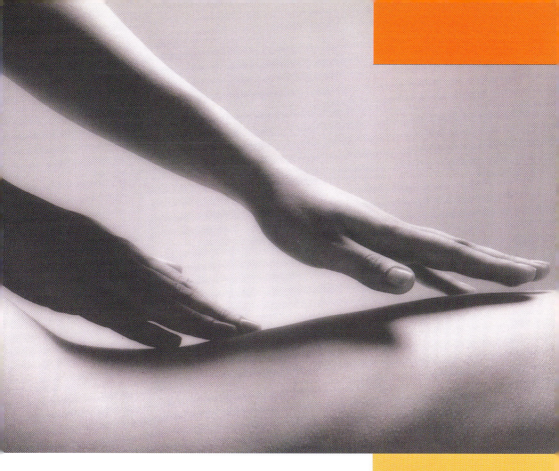

❤❤ HEILENDE YONI-MASSAGE

Im normalen Liebesspiel nehmen wir uns in der Regel nicht die Zeit, die einzelnen Yoni-Segmente (siehe »Sinnliche Yoni-Erkundung«, Seite 89f) zu berühren und zu stimulieren. Oft gehen wir zu schnell zu einer Abfolge von Berührungen über, die wir entweder kennen oder von denen wir glauben, daß sie uns oder unseren Partner relativ schnell zu einer höchstmöglichen Erregung zu bringen. Das führt aber dazu, daß das Lustpotential vieler Stellen nicht voll ausgeschöpft wird und wir auch nicht genügend Erregung für einen befriedigenden Orgasmus aufbauen.

Wenn Sie Ihre Yoni-Anatomie ausreichend für sich allein erkundet haben, ist die folgende Yoni-Massage mit einem Partner eine wunderschöne Übung, um mehr Intimität aufzubauen. Bei der Yoni-Massage geht es nicht darum, daß Ihr Partner Sie zum Orgasmus bringt. Richten Sie Ihre Aufmerksamkeit vielmehr darauf, sich zu entspannen, genau wahrzunehmen, wie sich jede Berührung anfühlt, und dabei in Kontakt mit Ihren eigenen Gefühlen zu kommen. Lassen Sie

Äußerst wichtig bei der Yoni-Massage: Entspannen Sie sich, und geben Sie alle Zielgerichtetheit auf. Ekstase und Orgasmus werden sich früher oder später von selbst einstellen!

sich für diese Übung viel Zeit, denn Zeitdruck führt zu innerer Anspannung und verhindert die tiefe heilsame Erfahrung, die bei dieser intimen Massage möglich ist.

Ich werde die Yoni-Massage abwechselnd aus der Perspektive der Frau und des Mannes beschreiben, je nachdem, wer gerade angesprochen ist. Lesen Sie den Text also in Ruhe gemeinsam mit Ihrem Partner, bevor Sie mit der Massage beginnen.

Brechen Sie die Übung nicht einfach ab, wenn einer von Ihnen im Verlauf der Massage nicht mehr weiterweiß, sondern halten Sie einfach für einen Moment inne, bleiben aber dabei unbedingt in Körperkontakt. Tauschen Sie sich darüber aus, was in Ihnen vorgeht, und fahren Sie dann mit der Massage fort.

GANZKÖRPERMASSAGE

Bevor Sie die Yoni-Massage beginnen, sprechen Sie mit Ihrem Partner über Ihrer beider Erwartungen, Wünsche und Befürchtungen, um sie dann in der Massage hinter sich lassen zu können. Stellen Sie Massageöl, eine wasserlösliche Emulsion und etwas zu Trinken bereit. Sorgen Sie dafür, daß es im Raum sehr gut warm ist, und wählen Sie, wenn Sie möchten, eine entspannende Musik aus.

Die meisten Frauen brauchen eine ganze Reihe intimer, liebevoller Massagen, um Spannungen, die sich als härtere Zonen oder gar als Schmerzen im Yoni-Gewebe festgesetzt haben, zu lösen.

IMPULSE FÜR DAS LIEBESLAGER

Als männlicher Partner beginnen Sie damit, daß Sie Ihrer Partnerin ein Ganzkörpermassage geben, die sie beleben und entspannen soll. Geben Sie etwas Massageöl auf Ihre Hände, und streichen Sie mit großflächigen Bewegungen von oben nach unten über die gesamte Rückseite des Körpers Ihrer Partnerin. Massieren Sie dabei besonders die Schultern, den unteren Rücken und die Oberschenkel. Die Vorderseite massieren Sie von unten nach oben und schenken dabei den Brüsten besondere Aufmerksamkeit. Denken Sie an die Verbindung zwischen Brüsten und Geschlechtsorganen.

SANFTE BERÜHRUNGEN

Setzen Sie sich für den Beginn der Yoni-Massage zwischen die geöffneten Beine Ihrer Partnerin. Wenn Sie dann von äußeren zu inneren Berührungen übergehen, sitzen Sie besser neben Ihrer Partnerin.
Wärmen und energetisieren Sie zuerst Ihre Hände, indem Sie sie aneinanderreiben. Dann lassen Sie für den ersten Kontakt sanft eine Hand auf der Yoni Ihrer Partnerin ruhen, während die andere Hand den Herzbereich berührt.
Beginnen Sie nun mit der flachen Hand den gesamten Beckenboden zu vibrieren und klopfen anschließend mit den Fingerkuppen leicht den ganzen äußeren Bereich um die Yoni bis hin zu den Oberschenkeln »wach«. Mit den Handkanten können Sie die äußeren Schamlippen seitlich fassen, zusammendrücken und nach oben und unten verschieben. Beginnen Sie bei allen Berührungen sanft und stimmen den Druck und die Geschwindigkeit Ihrer Berührungen immer wieder im Austausch mit Ihrer Partnerin ab.
Während Ihre Hände flach auf dem Beckenboden liegen, ziehen Sie mit den Zeigefingern die äußeren Schamlippen vorsichtig auseinander, die inneren treten dann noch deutlicher hervor. Massieren Sie dann auch die inneren Schamlippen von oben nach unten; dabei liegen die Daumen innen, die Zeigefinger außen.
Bleiben Sie die ganze Zeit über im sprachlichen Austausch miteinander und widmen sich jeweils lang genug den einzelnen Yoni-Segmenten, während Sie bei einer bestimmten Massagebewegung bleiben – jede Berührung soll Ihre Partnerin richtig satt machen.
Nehmen Sie jetzt auch die Emulsion mit hinzu. Legen Sie einen oder zwei Finger sanft an den unteren Teil des Yoni-Eingangs. Öffnen Sie im Kontakt mit Ihrer Partnerin sanft die Pforte und gleiten mit einem

Yoni-Massagen werden auch in der Sexualtherapie bei Störungen und Problemen angewandt, um Paaren zu einer natürlichen Entfaltung ihrer sexuellen Reaktionen zu verhelfen und damit sie wieder Vertrauen und Liebe in die Kraft der Sexualität finden.

Teilen Sie Ihrem Partner immer wieder mit, was Sie gerade empfinden und wie sich die jeweilige Berührung für Sie anfühlt.

oder zwei Fingern in die Yoni. Dehnen Sie zuerst den Eingangsbereich, indem Sie sanft, aber auch kräftig in alle Himmelsrichtungen ziehen. Fragen Sie Ihre Partnerin, ob der Druck der Berührung für sie angenehm ist. Oft möchte eine Frau für eine Weile nur an einer bestimmtem Stelle berührt werden. Bleiben Sie dort, solange Ihre Partnerin es wünscht und wiederholen die gleiche Bewegung eine Zeitlang.

Häufig kommen wir nämlich gar nicht dazu, eine Berührung oder Bewegung in ihrer vollen Tiefe auszukosten, da sie zu schnell wieder vorbei ist. Gleichzeitig ist es auch hier wichtig, immer mit Ihrem Partner in verbaler Verbindung zu bleiben. Denn ebenso wie wir uns wünschen, daß eine bestimmte Berührung nicht aufhören möge, ist irgendwann auch der Punkt der Sättigung erreicht. Sagen Sie es Ihrem Partner einfach!

Fahren Sie mit gleichmäßigen Massagestrichen fort, die gesamte Yoni-Höhle zu massieren. Ertasten Sie mit Führung Ihrer Partnerin ihren Göttinnen-Punkt. Lassen Sie ihr unbedingt genügend Zeit, die Empfindung in sich aufzunehmen. Sollte die erste Berührung und die Massage des Göttinnen-Punkts unangenehm sein, gehen Sie zuerst einmal weiter, und kommen Sie später noch einmal vorbei.

WENN TRÄNEN KOMMEN ...

Wie in allen anderen Geweben und Muskeln des Körpers auch, können in der Yoni die Informationen negativer und traumatischer Erfahrungen gespeichert sein, sei es von einer schweren Geburt, einer Abtreibung, einer Vergewaltigung oder anderen verletzenden Erlebnissen. Solche Stellen können sehr schmerzhaft, leicht reizbar oder auch taub sein. Bleiben Sie mit sanfter Berührung an diesen Stellen. Atmen Sie bewußt mit Ihrer Partnerin; wenn Tränen kommen, lassen Sie sie fließen.

Gleiten Sie bis zum Gebärmutterhals in die Yoni hinein. Legen Sie eine Hand äußerlich auf den Bereich der Gebärmutter, während Sie mit einem oder zwei Fingern um den Muttermund kreisen – von einer Seite zur anderen, von oben nach unten. Sollte Ihre Partnerin eine Berührung oder Bewegung als schmerzhaft empfinden, halten Sie inne und lassen den Finger einfach für eine Weile an der schmerzhaften Stelle ruhen. Oft können sich durch die Berührung alter Schmerz und schlechte Erinnerungen lösen.

HEILENDE LINGAM-MASSAGE

Gemeinsam mit Ihrem Partner können Sie für ihn eine ähnliche heilende Massage für den Penis entwickeln. Ein Mann ist meistens viel vertrauter im Umgang mit seinem Liebesorgan und kann Ihnen gut beschreiben, wie er berührt werden möchte. Behalten Sie beide den Fokus auf dem bewußten Berühren und der Verbindung zu den emotionalen und seelischen Aspekten dieser Massage. Ihr Ziel ist nicht der Orgasmus. Entspannende Yoni- und Lingam-Massagen wie diese fördern das Vertrauen und die Intimität zwischen zwei Partnern und sind damit eine wesentliche Voraussetzung für die erfüllende gemeinsame Sexualität.

Wenn Ihre Partnerin bereit ist, ziehen Sie die Finger wieder zurück und gehen zu der Massage der Kliokapuze, des Klioschaftes und der Klio selbst über. Führen Sie als Frau Ihren Partner weiter bei seinen Berührungen. Beschreiben Sie ihm, wie er Ihre Klio berühren und massieren kann, so daß es für Sie angenehm ist. Vielleicht mögen Sie es, wenn er zuerst die Kapuze vor- und zurückbewegt, den Schaft der Klio zwischen zwei Fingern drückt und die Klio zum Schluß direkt berührt. Beschreiben Sie Ihrem Partner immer wieder, was Sie gerade empfinden.

Als männlicher Partner schließen Sie die Yoni-Massage ab, indem Sie mit der ganzen Hand die Yoni umschließen und die andere wieder auf das Herz Ihrer Partnerin legen. Nachdem Sie langsam die Hände zurückgenommen haben, genießen Sie gemeinsam die Stille, die sich nach einer solchen heilenden Yoni-Massage einstellt.

Wiederholen Sie diese Massage in den nächsten Wochen einige Male. Sie stellt eine wichtige Etappe auf dem Weg zu einem vollständigen Orgasmus dar. Je mehr Sie sich auf die liebevollen Berührungen im Inneren Ihrer Yoni einlassen können, je mehr Sie sich ihrer einzelnen Segmente und der dazugehörigen Empfindungen bewußter werden, desto mehr wächst Ihre Bereitschaft und Fähigkeit zur Lust.

Oft wechseln wir zu schnell zwischen einer Vielzahl von Berührungen, ohne ihre Tiefe gekostet zu haben. Genießen Sie daher jede Berührung Ihres Partners, bis Sie wirklich satt sind.

Probieren Sie das folgende berauschende Bad für zwei: Mischen Sie 10 Tropfen Sandelholzöl, 4 Tropfen Ylang-Ylang und 3 Tropfen Jasminöl und geben das Ganze in die heiße Badewanne.

❤❤ SELBSTLIEBE-RITUAL ZU ZWEIT

Intimität und Vertrauen in der Partnerschaft wachsen durch Offenheit und Liebe, das schließt auch die sexuelle Selbstliebe mit ein. Es wird hier daher darum gehen, sich gegenseitig ein Ritual der Selbstliebe zu schenken. Dabei ist sicherlich mit Widerständen und Vorurteilen wie »ich hab' dazu keine Lust«, »das finde ich unmöglich«, und weiteren zu rechnen. Nehmen Sie sie wahr, aber lassen Sie sich nicht davon abhalten, dieses Ritual in die Tat umzusetzen.

Vereinbaren Sie mit Ihrem Partner einen für Sie beide passenden Zeitpunkt, zu dem Sie sich das Ritual der Selbstliebe gegenseitig zum Geschenk machen.

Nehmen Sie sich vor einem Selbstliebe-Ritual die Zeit, miteinander zu sprechen. Teilen Sie einander Ihre Befürchtungen, Ihre Erwartungen und Wünsche mit. Bereiten Sie dann zum vereinbarten Zeitpunkt gemeinsam Ihr Zimmer vor, indem Sie für ausreichend Licht sorgen und eine Atmosphäre schaffen, in der Sie sich beide wohl fühlen: Verwenden Sie Kerzen, Musik, einen Duft, Kissen, Massageöl und ein wasserlösliches Gleitmittel. Jeder von Ihnen sollte mindestens eine dreiviertel Stunde Zeit zur Verfügung haben. Wenn Sie sich ein solches Ritual der gegenseitigen Selbstliebe nicht vorstellen können, dann nehmen Sie den folgenden Erfahrungsbericht einer Kursteilnehmerin als Inspiration:

IMPULSE FÜR DAS LIEBESLAGER

»Ich konnte mir beim besten Willen nicht vorstellen, wie ich gemeinsam mit meinem Partner dieses Ritual der Selbstliebe feiern sollte, obwohl ich es für mich allein schon gemacht und genossen hatte. Wir kannten beide die gelegentliche Selbstbefriedigung während der gemeinsamen Sexualität, doch ein solches Ritual rief in mir erst einmal Ablehnung hervor. Ich fühlte Ängste aufsteigen und Scham – sowohl dabei, mich selbst so ausschließlich zu zeigen, wie auch meinem Partner bei der Selbstbefriedigung zuzusehen. Andererseits lag auch ein gewisser Reiz in dieser Vorstellung, und letztlich siegte mein Wunsch, in meiner Partnerschaft neue Erfahrungen zu machen, über meine Bedenken.

Wir verabredeten uns für dieses Ritual an einem bestimmten Abend. In einem Gespräch am Vorabend hatten wir uns ausführlich Zeit genommen, um über unsere Bedenken und Erwartungen zu sprechen. Durch die Offenheit entstand viel Vertrauen für dieses Experiment, und wir hatten bereits in dieser Nacht eine sehr schöne Liebesbegegnung. Am nächsten Abend trafen wir uns dann zur verabredeten Zeit. Wir waren beide etwas schüchtern und unsicher. Wir hatten leise entspannende Musik gewählt. Ich lehnte mich bequem in die Kissen zurück, doch nur so weit, daß ich auch Augenkontakt zu meinem Partner aufnehmen konnte, wenn ich es wünschte, während er zwischen meinen Beinen Platz nahm. Ich begann, wie ich es aus meinen Selbstliebe-Ritualen gewohnt war, indem ich Kontakt zu meinem Atem, meinem Herzen und meiner Yoni aufnahm. Bevor ich zum direkten Stimulieren überging, massierte ich mich am ganzen Körper. Anfangs fiel es mir schwer, die Anwesenheit meines Partners zu vergessen, und das führte immer wieder zu kleinen Brüchen beim Aufbau der Energie. Doch seine liebevolle Anwesenheit und die aufmunternden Blicke halfen mir über solche Momente hinweg, und ich konnte mich wieder besser auf mich selbst konzentrieren. Mein bewußtes Atmen half mir dabei, bei meinen Empfindungen zu bleiben. Ich ließ mich immer mehr auf meine Lust ein, und an einem bestimmten Punkt beflügelte mich die Anwesenheit meines Partners sogar.

Nach der vereinbarten Zeit tauschten wir die Rollen, und es war für mich sehr berührend, meinen Partner im Umgang mit seiner Lust sehen zu dürfen. Für unsere Partnerschaft wurde die bewußte Einweihung in die eigene sexuelle Lust zum Schlüssel für mehr Intimität in unserer gemeinsamen Sexualität und in unserer Liebe zueinander.«

Die Lust ist ein sehr feines Pflänzchen, das in der Hingabe an die Sinnlichkeit des Augenblicks erblüht.

> »Wenn Gegensätze sich nicht länger Schaden zufügen, genießen beide die Wohltaten des Tao. Darum sieht der Weise in Gegensätzen Einheit und setzt damit ein Beispiel für die Welt.«
>
> (Laotse, Tao te king)

❤❤ DAS KÖNIGSSPIEL DER LIEBE

Träumen Sie nicht auch davon, einmal so richtig verwöhnt und auf Händen getragen zu werden? Das Königsspiel der Liebe ist der königliche Rahmen für Ihre verborgensten Wünsche und Sehnsüchte.

Das übliche Liebesspiel ist im allgemeinen von schnellen Reaktionen auf das gekennzeichnet, was der Partner tut, dann tun Sie etwas, dann wieder er. Die Zeit, die bleibt, um sich wirklich fallen zu lassen, ist dabei in der Regel auf Augenblicke beschränkt. In diesem Spiel können Sie lernen, Ihre Wünsche auszudrücken, Verantwortung dafür zu übernehmen – und genießen, solange es Ihnen gefällt. Für eine Partnerschaft kann das sehr heilsam sein, vor allem wenn Sie es immer wieder einmal spielen. Denn sich ganz bewußt in beiden Rollen zu erfahren – der gebenden und der empfangenden – eröffnet ein tieferes Verständnis und Annehmen des Weiblichen und Männlichen in uns. Verwöhnen Sie also Ihren Partner, und lassen Sie sich verwöhnen!

DIE SPIELREGELN

Jeder bereitet sich für sich auf das Königsspiel der Liebe vor, indem er seine Wünsche aufschreibt. Seien Sie dabei kreativ, phantasievoll, und

IMPULSE FÜR DAS LIEBESLAGER

wagen Sie es, Ihre sehnlichsten Wünsche zu offenbaren. Dabei geht es nicht ausschließlich um sexuelle Wünsche – beziehen Sie alle Bereiche Ihres Lebens mit ein. Das Königsspiel bietet unzählige Möglichkeiten, sinnliche Freuden, Herzenswünsche und verborgene Phantasien zu erfüllen beziehungsweise erfüllt zu bekommen. Wenn Sie in der Rolle der Königin oder des Königs sind, formulieren Sie Ihre Wünsche so, daß Ihr Partner sie auch erfüllen kann. Es macht keinen Sinn, wenn Sie sich etwas wünschen, wovon Sie wissen, daß Ihr Partner dazu nicht bereit oder in der Lage ist – doch etwas herausfordernd dürfen Sie schon sein.

WIE KÖNNEN WÜNSCHE AUSSEHEN?

Vielleicht möchten Sie von Ihrem Partner eine Stunde lang nur gehalten werden, einmal so richtig in Komplimenten und Rosenblättern baden und von ihm nach allen Regeln der Kunst verführt werden. Oder Sie wünschen sich, daß er einen Strip für Sie tanzt oder daß er Sie auf ungewöhnliche Art und Weise liebkost und liebt. Sammeln Sie Ihre Wünsche, und schreiben Sie sie auf – mutig und in dem Vertrauen, daß sie erfüllt werden.

Im obigen Kasten finden Sie einige Anregungen, welche Wünsche Sie an Ihren Partner richten können, doch natürlich sind die Möglichkeiten unbegrenzt. Wichtig ist vor allem, daß Sie offen und ehrlich sind – auch zu sich selbst – und Ihre Wünsche und Bedürfnisse ohne Beurteilungen oder Vorbehalte äußern. Wenn sie der empfangende Partner sind, genießen Sie einfach – ohne falsche Scham!
Seien Sie beide bemüht, die Wünsche Ihres Partners mit Ihrer ganzen Liebe und Phantasie zu erfüllen. Wenn Sie einmal das Gefühl haben, auf einen Wunsch beim besten Willen nicht eingehen zu können, fragen Sie Ihren Partner, ob er ihn etwas anders gestalten kann.
Ganz wichtig für das Gelingen dieses Spiels ist es außerdem, vor Beginn gemeinsam den zeitlichen Rahmen abzustecken. Drei bis vier Stunden sollten jedem von Ihnen für die Rolle der Königin beziehungsweise des Königs zur Verfügung stehen. Tauschen Sie die Rollen nach einer ausreichenden Pause.
Nachdem beide Partner beide Rollen gespielt haben, nehmen Sie sich

In diesem Spiel erfahren Sie, was es heißt, Yin – weiblich, empfangend – und Yang – männlich, impulsgebend – zu sein und wie beide Anteile ein Ganzes bilden.

genügend Zeit zum Austausch Ihrer Erfahrungen. Erzählen Sie sich gegenseitig, was für Sie in den einzelnen Rollen schwierig war und wie Sie damit umgegangen sind. Überlegen Sie auch, worin der Gewinn dieses Spiels für Ihre Partnerschaft liegt. Sprechen Sie über Ihre Erfahrungen, wie Sie es aus dem Zwiegespräch kennen (siehe Seite 76f).

❤/❤❤ FEUERATEM-ORGASMUS

Im Liebesspiel und vor allem beim Orgasmus ist es die Lebensenergie, die sich bewegt und die bewegt werden will. Der Feueratem-Orgasmus ist ein Weg, diese Energie zu aktivieren und in sich zirkulieren zu lassen. In den vollen Genuß des Feueratem-Orgasmus gelangen Sie, wenn Sie sich mit den vorangegangenen Chakra-Übungen (Seite 130 bis 131) und damit mit dem Energiefluß in Ihren Chakren vertraut gemacht haben.

Im Feueratem-Orgasmus, einer Atemlenkmeditation der Chuluaqui-Indianer, verbinden Sie die einzelnen Chakren miteinander. Wie in kleinen Loopings lassen Sie die Energie von Chakra zu Chakra kreisen. Diese Atemlenkmeditation können Sie sowohl allein für sich als auch mit einem Partner machen. Der Feueratem-Orgasmus ist eine

Der Feueratem-Orgasmus ist eine Atemmeditation, die Ihren gesamten Organismus anregt und jede Faser Ihres Körpers vitalisiert.

KREISATMEN ZWISCHEN DEN CHAKREN

Frauen gehören nach Vorstellung der Chuluaqui der Erde an, Männer der Sonne. Im Feueratem-Orgasmus beginnen die Frauen deshalb damit, Energie von der Erde in ihr erstes Chakra zu ziehen; die Männer ziehen Energie durchs Scheitelchakra in ihr erstes Chakra. Danach atmen Frauen und Männer gleich. Lassen Sie wie in kleinen Loopings die Energie im folgenden Rhythmus jeweils für drei bis vier Minuten durch Ihre Chakren kreisen:

1. Chakra aufladen
Kreisatmen zwischen 1. und 2. und 1. und 3. Chakra
Kreisatmen zwischen 2. und 3. und 2. und 4. Chakra
Kreisatmen zwischen 3. und 4. und 3. und 5. Chakra
Kreisatmen zwischen 4. und 5. und 4. und 6. Chakra
Kreisatmen zwischen 5. und 6. und 5. und 7. Chakra
Kreisatmen zwischen 6. und 7. Chakra
Kreisatmen zwischen 7. und 1. Chakra

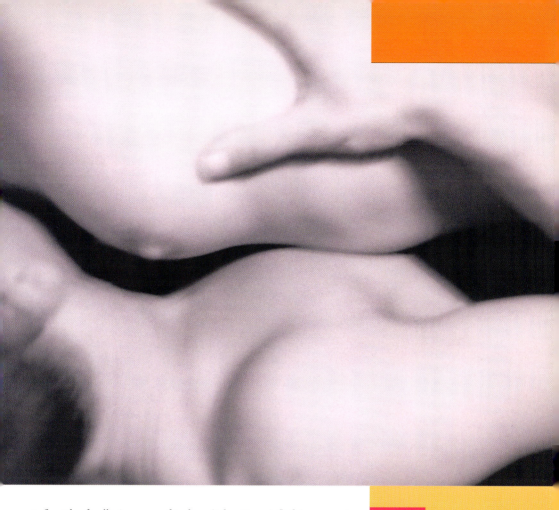

äußerst kraftvolle Anregung für den vitalen Energiefluß im gesamten Körper und eine gute Vorbereitung auf die Erfahrung eines Talorgasmus (siehe Seite 144).

LOOPINGS FÜR DIE LIEBESENERGIE

Legen Sie sich flach auf den Boden und nehmen einige tiefe, entspannte Atemzüge. Saugen Sie den Atem während des gesamten Feueratem-Orgasmus mit geöffnetem Mund an, und stellen Sie sich vor, wie Sie die Energie in Ihren Chakren zirkulieren lassen. Beginnen Sie mit dem Aufladen des ersten Chakras, bis Sie das Gefühl haben, daß dieses nach etwa drei bis vier Minuten aufgeladen ist. Dann ziehen Sie die Energie hoch in Ihr zweites Chakra und stellen sich vor, wie Sie die Energie in einem Looping in Ihr erstes Chakra zurückfließen lassen. Bleiben Sie bei diesem Atemkreis zwischen erstem und zweitem Chakra wieder für drei bis vier Minuten, bis die Energie sich voll

Nutzen Sie während der Atemlenkmeditation die Venusschlüssel Stimmlicher Ausdruck, Bewegung sowie Unvoreingenommenheit, und vertrauen Sie sich Ihrem Atem an.

»Ist das Rad der Liebe erst einmal in Bewegung, gibt es keine feste Regel mehr.«

(aus dem Kamasutra)

anfühlt. Dann vergrößern Sie den Kreis und atmen die Energie vom ersten so lange ins dritte Chakra hoch, bis sich auch diese Energie voll anfühlt. Fahren Sie fort, wie im obigen Schema beschrieben.

Wenn Sie beginnen, mit dem Feueratem zu experimentieren, kann es eine Zeitlang dauern, bis Sie das Gefühl haben, daß die Lebensenergie frei in den einzelnen Chakren kreist. Praktizieren Sie den Feueratem-Orgasmus für eine gewisse Zeit regelmäßig, dann wird Ihnen das Zirkulieren der Energie schon bald spontan und mühelos gelingen.

❤❤ TALORGASMUS – DIE KUNST DES NICHT-TUNS

Bisher haben wir uns ausschließlich mit dem Gipfelorgasmus beschäftigt, dessen wesentliches Merkmal der vollständige Energieaufbau ist und der dann, der Orgasmuswelle folgend, auf dem Gipfel der sexuellen Erregung zur Explosion führt. Eine ganz andere Erfahrung ist der Talorgasmus. Auch für den Talorgasmus muß Energie aufgebaut werden. Während dies beim Gipfelorgasmus jedoch durch aktives Tun geschieht, nimmt der Talorgasmus seine Energie allein aus der unterschiedlichen Ladung der Sexualorgane.

Die tantrischen Lehren sprechen im Zusammenhang mit dem Chakrensystem (siehe Seite 126) von unterschiedlichen energetischen Ladungen in den Lustorganen von Mann und Frau. Der Lingam hat demzufolge eine positive, die Yoni eine negative Ladung. Durch diese unterschiedliche Ladung entsteht bei der Vereinigung eine natürliche Spannung – wie zwischen einem Plus- und einem Minuspol –, auch ohne daß man sich bewegt oder gegenseitig stimuliert.

DIE KUNST DES TALORGASMUS

Um einen Talorgasmus zu erleben, ist es günstig, sich vorher ausreichend zu bewegen, um Energie aufzubauen. Alle aktiven Meditationen, wie zum Beispiel der vorher beschriebene Feueratem-Orgasmus, Tanzen, energetisierende Massagen, aber auch andere körperliche Betätigungen sind eine gute Vorbereitung.

Begeben Sie sich dann mit Ihrem Partner auf Ihr Liebeslager. Wenn es Ihnen nicht möglich ist, sich ohne eine Erektion des Lingams zu vereinigen, stimulieren Sie sich gegenseitig so lange, bis es geht. Danach bleiben Sie erst einmal nur ruhig ineinander liegen. Halten Sie dabei Augenkontakt, und sprechen Sie in bewußter Verbindung zu Ihren

IMPULSE FÜR DAS LIEBESLAGER

aktuellen körperlichen Wahrnehmungen, Gefühlen und Gedanken, etwa: »Ich fühle ..., ich nehme wahr ..., mein Empfinden ist ...«
Sie werden wahrscheinlich bald einen Drang verspüren, aus dieser Situation zu flüchten. Das kommt daher, daß wir es so etwas nicht gewohnt sind und nicht wissen, wie wir uns dem Nicht-Tun überlassen können. Es entsteht eine Lücke, die wir aus Angst normalerweise und Unsicherheit mit Tun füllen. Doch jetzt gilt es, sich auf diese Lücke einzulassen und dabei wach und gegenwärtig zu sein.
Läßt die Erregung nach, stimulieren Sie sich wieder bis zu dem Punkt, an dem für Sie beide eine deutliche Körperempfindung in Yoni und Lingam zurückkehrt; dann tun Sie wieder nichts.
Es kann etwas dauern, bis Sie Geschmack an dieser Art der Liebesbegegnung finden und sich über Momente des Nichtwissens, der Nichterregung hinwegtrauen, um sich der Weisheit von Yoni und Lingam zu überlassen. Doch es lohnt sich: völlige neue Dimensionen der Intensität, Intimität und des orgastischen Erlebens erwarten Sie.

DIE ANGST VOR DEM NICHT-TUN

Beeinflußt durch ein männliches Modell der Sexualität, das stark am Tun und Erreichen, an Leistung und Erfolg orientiert ist, sind wir oft so damit beschäftigt, alles richtig zu machen, daß wir vergessen, zwischendurch Luft zu holen und einfach mal nichts zu tun. Im Eifer des Küssens, Berührens und Bewegens, auf der Suche nach der richtigen Stellung entgeht uns eine Dimension der Begegnung, in der wahre Vertrautheit und Berührbarkeit zu Hause sind. Dahinter lauert freilich auch die Angst, was denn wohl passieren könnte, wenn wir innehalten. Vielleicht zieht sich dann die Erregung oder der sexuelle Reiz völlig zurück? Vielleicht kommen unerwünschte Emotionen an die Oberfläche und verhindern oder beeinträchtigen den weiteren Verlauf unserer sexuellen Begegnung?
Doch wenn Sie nie das Wagnis eingehen, eine Pause zu machen, können Sie auch nie die Kraft und den Zauber der Stille kennenlernen. Haben Sie den Mut und vertrauen Sie darauf, daß gerade aus dem Innehalten Impulse erwachsen, die die Intimität zwischen Ihnen und Ihrem Partner vertiefen und die Sie in den Genuß einer ganz besonderen orgastischen Energie bringen.

Sich als Paar gemeinsam auf die Erfahrung eines Talorgasmus einzulassen bedarf sehr viel Vertrauen – das allerdings sehr reich belohnt wird.

TANTRA – VOM GUTEN SEX ZUR LIEBE

Tantra ist mehr als eine Ansammlung von komplizierten, akrobatischen Liebesstellungen. Es ist ein Weg, Sexualität mit Liebe zu verschmelzen. Obwohl Tantra in dem Ruf steht, das Yoga der Sexualität zu sein, macht das sexuelle Element nur einen Teil davon aus – als ein Mittel zum Zweck: Einheit zu erfahren und die dualistische Welt, in der wir uns als getrennt erfahren, zu überwinden.

URSPRÜNGE DES TANTRA

Das indische Vigyana Bhairava Tantra sind ursprünglich Aufzeichnungen eines spirituellen Weges zur Bewußtwerdung und Erleuchtung, der die Sexualität mit einschloß. In einhundertacht Anweisungen, die in Sutren, einer religiösen Versform, verfaßt sind, wurden Praktiken beschrieben, die dazu dienen, Projektionen des Geistes zu erkennen und sich aus ihnen zu lösen. Die Sutren geben konkrete Anweisungen bezüglich verschiedener Atem- und Wahrnehmungspraktiken, die dazu dienen, das unbegrenzte und fortwährende göttliche Sein zu erkennen.

Heute, vor allem initiiert durch Osho, einen der großen Mystiker des 20. Jahrhunderts, schlägt Tantra eine Brücke zwischen der sexuellen und der göttlichen Erfahrung. Nachdem die Sexualität immer weiter enttabuisiert worden ist, bleibt uns jetzt noch ein entscheidender Schritt zu tun: vom Sex zur Liebe.

❤/❤❤ DIE TANTRISCHE BEGRÜSSUNG

Die rituelle Herz-zu-Herz-Begrüßung aus dem Tantra ist für Liebende ein besonderes Zeichen der gegenseitigen Wertschätzung und Achtung. Sie kann ein Ritual, eine gemeinsame Meditation, eine Massage, eine Liebesnacht oder auch ein Gespräch einleiten und so einen Rahmen bilden, in den Sie Liebe und Achtsamkeit einladen.

Setzen Sie sich voreinander hin und legen die Handflächen vor der Brust aneinander. Verbeugen Sie sich langsam aus der Hüfte heraus mit geradem Rücken und intonieren gleichzeitig mit dem Ausatmen das Mantra OM. Das O ist kurz und wird mit offenem Mund gesungen, das M wird mit geschlossenem Mund gesummt, während Sie

Das Wort »Tantra« stammt aus dem Sanskrit und setzt sich zusammen aus den Worten »tan-oti« (ausdehnen) und »tra-yatri« (Befreiung).

TANTRA

Die tantrische Begrüßung besteht aus drei Elementen: OM repräsentiert die Urschwingung des Universums. Namasté bedeutet: »Ich achte das Göttliche in dir.« Mit einer Verbeugung drücken Sie gegenseitige Achtung aus.

durch die Nase ausatmen. Beugen Sie sich, einander in die Augen schauend, so weit vor, bis Ihre Stirnen sich am dritten Auge berühren. Verweilen Sie einen Moment in Stille, bevor Sie sich wieder trennen und sich gegenseitig grüßen: »Namasté, ich achte dich, ... (Name des Partners einsetzen), als Teil der göttlichen Existenz.«
Auch allein können Sie mit diesem Gruß das Göttliche in sich achten und ehren. Dabei verneigen Sie sich vor der gesamten Existenz, deren Teil Sie sind.

♥/♥♥ SEELENBLICK

In dieser Meditation begegnen Sie dem wahren Wesen Ihres Partners – oder Ihrer selbst –, das sich hinter den vielen Gesichtern der Persönlichkeit zeigt, und können darüber hinaus mit der Essenz allen Seins in Berührung kommen. Allein oder gemeinsam mit Ihrem Partner lassen Sie alle Projektionen und Urteile über sich oder den anderen hinter sich und betreten den leeren Raum, der hinter all diesen Erscheinungen wartet.

MIT EINEM PARTNER

Sitzen Sie einander gegenüber. Stellen Sie eine brennende Kerze zwischen sich und begrüßen einander mit der Herz-zu-Herz-Begrüßung. Um sich zu zentrieren, schließen Sie die Augen und atmen zuerst für eine Weile entspannt in den Bauch. Behalten Sie diese Atmung für die kommenden zehn Minuten – die Dauer der gesamtem Meditation – bei. Öffnen Sie dann die Augen und schauen Ihrem Partner in das linke, das empfangende Auge. Blinzeln Sie dabei so wenig wie möglich. Wiederholen Sie dabei im stillen für sich: »Du liebst mich«, und ziehen dabei die Liebe in Ihr Innerstes, anstatt sie auf die äußere Person zu lenken.

Beenden Sie den Seelenblick ebenfalls mit einer Verbeugung und einem OM, legen Sie sich entspannt hin und lassen die Hände auf Ihrem Bauch, Ihrer Mitte ruhen.

ALLEIN VOR DEM SPIEGEL

Wenn Sie diese Meditation allein praktizieren, setzen Sie sich dazu vor einen Spiegel und gehen vor wie oben beschrieben. Während Sie in Ihr linkes Auge blicken, sagen Sie: »Ich liebe mich.«

❤❤ NADABRAHMA – EINE LIEBESMEDITATION

Mit der Nadabrahma-Meditation können Sie und Ihr Partner Ihre Energien harmonisieren und sie miteinander verschmelzen lassen, bevor Sie Ihr Liebesspiel beginnen.

Dunkeln Sie den Raum für diese gemeinsame Meditation ab, und zünden Sie jeweils eine Kerze in den vier Himmelsrichtungen an. Nehmen Sie in deren Mitte Platz. Setzen Sie sich nackt unter einem großen Tuch gegenüber, so daß Sie sich entspannt bei den überkreuzten Händen fassen können. Beginnen Sie nun, für etwa dreißig Minuten miteinander zu summen, dabei kann die Tonlage variieren – folgen Sie einfach Ihren natürlichen Impulsen

Ihre Lippen können nach einer Weile fein vibrieren und kribbeln. Die gekreuzten Hände bleiben die ganze Zeit über in Kontakt. Nach einigen Minuten verschmelzen Summen und Atem, und Sie können spüren, wie sich Ihre Energien begegnen und immer mehr miteinander verschmelzen.

Für diese Meditation liegt übrigens auch eine entsprechende Begleitung auf CD/MC vor, die im Fachhandel erhältlich ist.

Benutzen Sie für die Nadabrahma-Meditation ein besonderes Räucherwerk, das Sie nur zu diesem Anlaß verbrennen. Dazu eignet sich eine Mischung aus Myrrhe, Lavendel und Patschuli.

TANTRA

Sitzen Sie einander bei der Nadabrahma-Meditation gegenüber und fassen sich überkreuz bei den Händen. Ein großes Tuch hüllt Sie dabei ein.

❤/❤❤ DIE INNERE FLÖTE

Die Tantra-Lehrerin Margot Anand prägte den Begriff »Innere Flöte« für einen geheimen inneren Kanal, durch den die sexuelle Energie im Körper zirkulieren kann. Anatomisch nicht greifbar, folgt der Verlauf der Inneren Flöte dem neurologischen Pfad im Körper, welcher die endokrinen Drüsen miteinander verbindet. Diese wiederum stehen zu den Chakren in Verbindung (siehe auch »Chakren und der Energiefluß im Körper«, Seite 126).

Bis es möglich wird, die Innere Flöte physisch wahrzunehmen, visualisiert man sie als einen Kanal im Inneren des Körpers, der etwa entlang der Wirbelsäule verläuft. Durch Atemtechniken, die Arbeit mit den Chakren sowie den Gebrauch des Beckenbodenmuskels (siehe Beckenbodenübungen Seite 96) als »PC-Pumpe« wird sie geöffnet. Ist dieser Kanal aktiviert, erfährt die sexuelle Energie auf ihrem Weg durch die Chakren eine Verfeinerung und Transformation. Liebende können mit dem Spiel auf der Inneren Flöte ihr Liebesspiel reicher, vielfältiger sowie intensiver gestalten und es außerdem verlängern.

DAS SEXUELLE ATMEN – SPIEL AUF DER INNEREN FLÖTE

Das Sexuelle Atmen ist einen Möglichkeit, auf der Inneren Flöte zu spielen; der Gebrauch der PC-Pumpe verstärkt die sexuellen Empfindungen und macht es Ihnen möglich, die Energie in unterschiedliche Chakren zu leiten und im gesamten Körper als Sinnlichkeit und Lebendigkeit wahrzunehmen.

Lockern Sie die Kleidung, und legen Sie sich entspannt auf den Rücken. Lassen Sie beide Hände auf Ihrer Yoni (oder Ihrem Lingam) ruhen. Mit einem sanften, tiefen Atemzug durch die geschürzten Lippen saugen Sie nun mit einem leisen Geräusch die Atemluft ein, entspannen dann Lippen und Kiefer und lassen die Luft wieder ausströmen. Praktizieren Sie diese Atmung, bis sich ein natürlicher Rhythmus einstellt.

Aktivieren Sie zusätzlich die PC-Pumpe, indem Sie den Beckenbodenmuskel beim Einatmen sanft zusammenziehen und beim Ausatmen wieder entspannen. Üben Sie dies mindestens fünf Minuten lang: einatmen/PC-Muskel aktivieren – ausatmen/wieder loslassen. Stellen Sie sich im nächsten Schritt vor, wie Sie mit dem Einatmen durch die Yoni (den Lingam) Luft in Ihren Körper saugen. Beim Ausatmen strömt die Luft wieder aus Ihrer Yoni (Ihrem Lingam) aus. Bleiben Sie für die nächsten fünf Minuten bei diesem Rhythmus. Dann lassen Sie die Luft nach und nach mit der Einatmung durch die Innere Flöte aufsteigen. Beim Ausatmen strömt die Luft durch die Flöte zurück und aus Yoni (Lingam) wieder aus. Füllen Sie bei gleichbleibendem Atemrhythmus und Einsatz der PC-Pumpe zuerst Ihren Beckenbereich durch den Atem mit sexueller Energie, und wandern Sie dann Chakra für Chakra nach oben bis zum Scheitel. Während Ihre linke Hand weiter auf Ihrer Yoni (Ihrem Lingam) ruht, begleitet die rechte parallel zum Luftstrom die Bewegung der Ein- und Ausatmung in der Inneren Flöte. Sobald Sie den Luftstrom des sexuellen Atems bis hinauf zur Stirn oder bis zum Scheitel deutlich wahrnehmen können, legen Sie einen Atemstop von etwa zehn Sekunden ein. Bleiben Sie dabei im gesamten Körper ganz entspannt. Lassen Sie diese Übung je nach Befinden nach 20 bis 30 Minuten ausklingen, und genießen Sie das feine Strömen und Pulsieren, das Ihren Körper jetzt durchflutet, sowie die innere Stille und den Frieden.

»Indem Sie dies (die Innere Flöte) lernen, werden Sie begreifen, daß die weitverbreitete Annahme, der sexuelle Orgasmus sei ein rein genitales Ereignis, ein großer Irrtum ist.«

(Margot Anand, Tantra oder Die Kunst der sexuellen Ekstase)

TANTRA

DEN ORGANISMUS MIT LEBENSENERGIE AUFLADEN

Das Sexuelle Atmen können Sie allein oder gemeinsam mit einem Partner praktizieren. Das Spiel auf der Inneren Flöte und das Sexuelle Atmen sind eine weitere gute Vorbereitung auf das Erleben eines Talorgasmus und unterstützen Sie darin, die orgastische Energie im ganzen Körper zu erleben. Wenn Sie sich in der Aufladungs- und Orgasmusphase dem Punkt ohne Wiederkehr nähern, ist die Innere Flöte außerdem ein nützliches Werkzeug, um die Energie im Körper zu verteilen – und das Liebesspiel zu verlängen. Sie führen auf diese Weise nicht nur Ihren gesamten Organismus stärkende Lebensenergie zu, Sie verlängern auch das Liebesspiel.

Es empfiehlt sich, das sexuelle Atmen zuerst für eine Weile allein zu praktizieren, um es dann auch im gemeinsamen Liebesspiel einzusetzen.

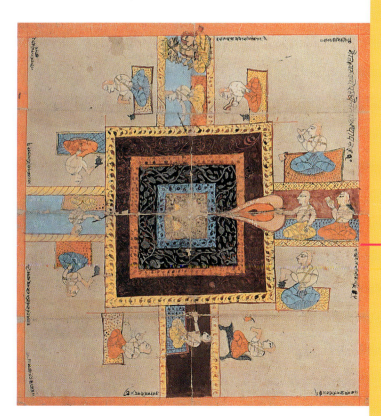

»Yoni-Yantra« Meditationsbild mit tantrischen Adepten und Initianden aus Rajasthan, Nordindien (17./18. Jahrhundert). Die göttliche Yulva steht hier als Sinnbild für den schöpferischen Kosmos.

💕 DIE SINNLICHE EINWEIHUNG EINES GELIEBTEN

Wenn die Quelle der Venus in Ihnen sprudelt, werden Sie zur Initiatorin. Nicht ganz ohne Eigennutz können Sie einen Mann in die Kunst des Liebens einweihen. Als Frau, die sich nicht scheut, sie selbst zu sein und ihre Gefühle zu zeigen, werden Sie Ihre Freude daran haben, einen Mann in das Reich der Sinnlichkeit einzuführen, um ihm zu zeigen, wie er ein guter Liebhaber sein kann. Dazu gehören Selbstvertrauen und Vertrauen genauso wie Humor, Heiterkeit, Gelassenheit und gegenseitige Achtung.

Zum Ende unserer gemeinsamen Venusreise lege ich Ihnen das folgende sinnliche Erweckungsritual ans Herz, das einen ersten Schritt in diese Richtung darstellt. Ich selbst habe es mit einigen Liebhabern zelebriert, bevor ich mich tiefer auf sie einließ. Dabei habe ich viel über die Bereitschaft eines Mannes erfahren, sich seiner eigenen Sinnlichkeit hinzugeben, ebenso wie über meine eigene Bereitschaft, seiner Sinnlichkeit und Lust »zu dienen«. Dies ist das Ritual der Sinne, in dem es darum geht, jeden einzelnen Sinn zu sensibilisieren. Es ist ein erster Schritt, um die Sinnlichkeit in einem Mann zu wecken, ihn in seine Sensibilität zu führen, aus der heraus authentische und natürlich Lust erwachsen kann.

Wenn Sie alle nötigen Utensilien bereitgelegt haben, richten Sie auch den Raum schön her – mit Kerzen, Kissen und was Sie sonst noch brauchen, um sich richtig wohl zu fühlen. Sorgen Sie auch für eine angenehme Raumtemperatur. Bitten Sie Ihren Liebsten, sich vor dem Ritual innerlich zu sammeln, zu seiner Entspannung ein Bad zu nehmen und sich ein Hüfttuch oder einen Morgenmantel umzulegen. Dann sollte er sich mit einer Augenbinde präpariert vor Ihrem Tempel einfinden. Erklären Sie Ihrem Geliebten vor Beginn des Rituals, daß er absolut nichts zu tun braucht, als sich dem hinzugeben, was nun auf ihn zukommt.

Achten Sie darauf, zwischen den einzelnen Erfahrungen – den verschiedenen Düften, Klängen, Berührungen und Geschmäckern – Zeit zu lassen, um Ihrem Liebsten die Gelegenheit zu geben, nachzufühlen und die sinnlichen Eindrücke zu vertiefen. Bleiben Sie für eine Weile bei einer Sinneserfahrung, bevor Sie zur nächsten weitergehen.

Beginnen Sie damit, das Gehör Ihres Liebsten zu wecken. Daran können sich die Düfte anschließen, dann das Fühlen und Tasten, bevor

»Selbst Erinnerung an die Einheit, den Liebesakt, bringt Transformation.«

(Sutra aus dem Vigyana Bhairava Tantra)

TANTRA

WAS SIE FÜR DIESES RITUAL BRAUCHEN

Für die Einweihung Ihres Geliebten braucht es ein wenig Vorbereitung und einige besondere Zutaten, welche die einzelnen Sinne ansprechen. Um den Gehörsinn zu wecken, suchen Sie einige außergewöhnliche Musikstücke aus und/oder legen Instrumente bereit, die Sie zu Hause haben.

Für das Spüren und Tasten eignet sich ein Fell oder auch eine Feder, eine Rose oder andere Gegenstände, die eine angenehme und interessante Oberfläche aufweisen.

Für den Geruchsinn können Sie Räucherdüfte oder Aromaöle vorbereiten, ebenso verschiedenste kulinarische Köstlichkeiten wie exotische Früchte, die natürlich auch der Erweckung des Geschmackssinns dienen.

Legen Sie außerdem eine Augenbinde bereit. Bei den Vorbereitungen für dieses Ritual werden Ihnen gewiß weitere Ideen kommen, die Ihnen, Ihrem Geliebten und Ihrer Umgebung entsprechen – lassen Sie Ihrer Kreativität freien Lauf!

»Liebe ist der geheime Schlüssel, der die Tür zum Göttlichen öffnet. Lache, liebe, sei lebendig, tanze, singe, werde zum hohlen Bambus, und laß seinen Gesang durch dich fließen.«

(Osho)

Sie zum Schmecken übergehen. Legen Sie dann die Hände Ihres Partners auf sein Herz und sitzen zum Abschluß des Rituals noch eine Weile hinter ihm, so daß er sich bequem anlehnen kann und gehalten fühlt. Dann nehmen Sie ihm die Augenbinde wieder ab.

Ich wünsche Ihnen von ganzem Herzen ein gutes Gelingen dieses Rituals. Es mag spielerisch aussehen, doch es ist in vielerlei Hinsicht einer der ersten Schritte, einen Mann in die Tiefen seiner Erlebnisfähigkeit der Sinnlichkeit und Lust einzuweihen.

BÜCHER, DIE WEITERHELFEN

Anand, Margot: Tantra oder die Kunst der sexuellen Ekstase; Goldmann Verlag, München

Andro u. Devatara: Die Orgasmusschule; Hans Nietsch Verlag, Waldfeucht

Camphausen, Rufus: Yoni – Die Vulva; Eugen Diederichs Verlag, München

Cantieni, Benita: Tiger Feeling – Das sinnliche Beckenbodentraining; llstein Verlag, Berlin

Dahlke, Margot u. Rüdiger/ Zahn, Volker: Frauen-Heilkunde; Bertelsmann Verlag, München

Estés, Clarissa P., Die Wolfsfrau; Heyne Verlag, München

Friday, Nancy: Die Macht der Schönheit; Goldmann Verlag, München

Friday, Nancy: Wie meine Mutter – My Mother my self; Fischer Verlag, Frankfurt a. M.

Hammer, Signe: Töchter und Mütter; Fischer Verlag, Frankfurt a. M.

Kast, Verena: Die beste Freundin – Was Frauen aneinander haben; dtv Verlag, München

Lerner, Gerda: Die Entstehung des Patriarchats; dtv Verlag, München

Lowen, Alexander: Liebe, Sex und dein Herz; Goldmann Verlag, München

Moeller, Michael Lukas: Die Wahrheit beginnt zu zweit Rowohlt Verlag, Reinbek

Moeller, Michael Lukas: Worte der Liebe – Erotische Zwiegespräche; Rowohlt Verlag, Reinbek

Neutzling, Rainer/Schnack, Dieter: Die Prinzenrolle – über die männliche Sexualität; Rowohlt Verlag, Reinbek

Ohlig, Adelheid: Yoga mit den Mondphasen – Luna Yoga; Goldmann Verlag, München

BÜCHER UND ADRESSEN

Onken, Julia: Vatermänner –
Ein Bericht über die Vater-
Tochter-Beziehung und ihren
Einfluß auf die Partnerschaft;
Beck'sche Reihe, München

Osho: Tantra – Die höchste
Einsicht; Goldmann Verlag,
München

Piontek, Maitreyi D.:
Das Tao der weiblichen Se-
xualität; O. W. Barth Verlag,
Bern, München, Wien

Raba, Peter: Eros und sexuelle
Energie durch Homöopathie;
Andromeda Verlag, Murnau

Riebe, Brigitte: Palast der
blauen Delphine; Piper Verlag,
München

Steinbrecher, Sigrid: Die
Vaterfalle – Die Macht der
Väter über die Gefühle der
Töchter; Rowohlt Verlag,
Reinbek

ADRESSEN, DIE WEITERHELFEN

Vila Vita
Yatro Cornelia Werner
Feichtstr. 15, 81735 München
Kurse und Trainings für
Frauen:
Venus-Prinzip – Lustvoll Frau
sein; Sinnliches Beckenboden-
training;
Frau im Feuer – Vom lust-
vollen Wechsel und Wandel
im Frausein in den Wechsel-
jahren

SkyDancing Tantra-Institute
Deutschland u. Österreich
Feichtstr. 15, 81735 München

SkyDancing Tantra-Institut
Mühlgasse 33,
CH-8001 Zürich

Maitreyi D. Piontek
Praxis für ganzheitliche
Sexualberatung
Postfach 255, CH-8024 Zürich

Heil-Kunde-Zentrum
Johanneskirchen:
Margit und Rüdiger Dahlke

Shangrila Tantra Bazar
Frühlingstr. 20
73119 Zell u. A.
(Hier können Sie Yoni-Eier
beziehen)

SACHREGISTER

Abendstern	12
Anima	53
Animus	53
Anus	110f
Aphrodite	11f
Atemlenkmeditation	142
Atmung	78, 116
Auflösungsphase	105f
Augen	84f
Ausdruck, stimmlicher	74
Basischakra	130
Bauchmassage, lustvolle	74
Beckenbodenmuskulatur	93ff
Berührung	80f
Bestandsaufnahme	8
Bewegung	77
Bewegungscheck	77
Bolen, Jean Shinola	13
Brüste	86f
Brustmassage	87
Cantieni, Benita	95
Chakra-Tanz	126
Chakren	126ff
Chakren-Tabelle	127f
Dämoninnen	44ff
Doktorspiele	22
Dornröschen	52f
Drittes Auge	131
Drüsensystem, endokrines	127
Duft	65, 82
Düfte	12, 82
Einweihung	152f

Energieaufbau	117
Energiestau	77
Energiezentren, psychische	126
Erregungsphase	105
Frauenfreundschaften	24f
Friday, Nancy	19
Fußmassage	120
G(öttinnen)-Punkt	90ff, 136
Ganzkörpermassage	135
Gebärmutter	11
Gebärmutterhals	92f, 136
Gebärmutter-Orgasmus	111
Geburt	12
Gefühle, negative	8f
Gegenpol	55
Geliebter, Innerer	55ff
Geschmackssinn	84
Gesichtsmassage	120
Gipfelorgasmus	144
Gott	31
Göttinnen-Punkt-Orgasmus	110
Große Göttin	9
Herzchakra	131
Herzenslust	107
Herzenswünsche	141
Herzmeditation	72
Herz-zu-Herz-Begrüßung	146
Himmlischer Palast	92, 111
»Hirschfrau«	89
Hohepriesterinnen	11
Höhlenmalereien	10
Hören	83
Idealmaße	40
Impulse, neue	114

REGISTER

Individualität	34	Lustfeindlichkeit	36
Innere Flöte	149ff	Mädchen	18ff, 26f
Intimität	132	Märchenprinzen	53
Irrgarten	41ff	Masters und Johnson	104
		Masturbation	97f
Jahweh	31	Minnesänger	11
Jung, C.G.	53f, 126	Mißbrauch	15
Jungfrau	12	Monroe, Marylin	13
		Morgenstern	12
Kalendarien	11	Mr. Right	52f
Kehlkopfchakra	131	Muttermund	92f
Kindtochter	28	Mutter-Tochter-Verhältnis	21
Kinsey, A.	98		
Klang	83	Nabelchakra	130
Klitoris	66, 137	Neid	24
Kommunikation	75f	Nicht-Tun	144f
Königsspiel	140ff		
Konkurrenz	22ff	Ohrmassage	119
Kopfmassage	119	Onken, Julia	26
Körperbewußtsein	58	Opferdämonin	47
Kräfte, spirituelle	12	Orgasmen, unvollständige	106
Kreisatmen	142	Orgasmus, anal	110f
Küsse	84	Orgasmus, klitoral	108f
		Orgasmus, multipel	102
Labyrinth	41ff	Orgasmus, vaginal	110
Lady Chatterley	13	Orgasmusfähigkeit	98
Leistungsgesellschaft, sexuelle	36	Orgasmusphase	105
Liebeserfahrungen, unbefriedigende	103	Osho	146
Liebesmeditation	121, 148	PC-Muskel	93ff
Liebesmuskel	93ff	PC-Pumpe	149f
Liebessprache	36f		
Liebessymbole	11	Phallus	31
Liebestage	79	Plateauphase	105
Lingam	36	Projektion	54
Lingam-Massage	137		
Löffelchenposition	125	Rivalinnen	22
Lotosblüten	127	Rose	11

157

Schalentiere	11f	Tempelpriesterinnen	12
Schamgefühle	64	Testosteron	31
Schamlippen	66	Tibetan Pulsing	121
Schattenanteile	44, 46	Tigerfeeling	95
Scheitelchakra	131	Töchtertypen	26ff
Schöpfergöttin	9	Tod	12
Schutzmechanismen	50	Transformation	43
Selbst, ekstatisches	55	Traummann	52
Selbstannahme	57		
Selbstbefriedigung	97ff	Überforderung	35f
Selbstbestimmung, sexuelle	11	Unterforderung	35f, 102
Selbsteinschätzung	20	Unvoreingenommenheit	73
Selbstliebe	50, 71f		
Selbstliebe, sexuelle	97ff, 138ff	Vajra	36
Selbstvertrauen	72	Vaterforschung	28f
Selbstwahrnehmung	58	Vater-Tochter-Verhältnis	29
Selbstwertgefühl	40	Venus	11ff
Selbstzweifel	47	Venuskult	12
Sex sells	35	Venusschlüssel	70ff
Sexualduft	82	Venustagebuch	16
Sexuelles Atmen	150 f	Venuszeit	79
Shakti	37	Vollständigkeit	53ff
Shiva	37		
Sinnesorgane	80	Wandel, ewiger	12
Solarplexuschakra	130f	Werbungsrituale	11f
Solidarität	24		
Spiritualität	31	Yoni	36
Sprachwüste der Liebe	36	Yoni-Betrachtung	65ff
Sterben	12	Yoni-Ei-Energie-übung	118
Stimme	83	Yoni-Erkundung, sinnliche	89ff
Streßabbau	117	Yoni-Massage, heilende	133ff
Summen	148	Yoni-Typen	88f
Superweib	40		
		Zeit	79
Talorgasmus	144f, 151	Zwiegespräche	75ff
Tantra	146	Zypern	11
»Tanzende Frau«	88		
Tempelhuren	12		

IMPRESSUM

© 2000 Gräfe und Unzer Verlag GmbH, München

Alle Rechte vorbehalten. Nachdruck, auch auszugsweise, sowie Verbreitung durch Film, Funk und Fernsehen, durch fotomechanische Wiedergabe, Tonträger und Datenverarbeitungssysteme jeder Art nur mit schriftlicher Genehmigung des Verlages.

Redaktion Ilona Daiker

Lektorat Anja Schmidt

Covergestaltung Independent Medien-Design, München

Gesamtgestaltung und Satz Ludger Vorfeld, München

Herstellung Susanne Mühldorfer

Repro PHG Litho, Planegg

Druck und Bindung Kaufmann, Lahr

Illustrationen Nike Schenkl

Fotos AKG: Seite 6/7, 35; Bavaria: Cover hinten/ Stock Imagery: Seite 92, /VCL: 92, 133; Bulls Press: Seite 41, 52; Folio ID: Seite 62, 86, 87, 125, 143; GU: Seite 9 (Christophe Schneider), 54 (Michael Leis), 75 (Hesselmann), 83 (Studio Schmitz), 101, 115 (Tom Roch), 117, 138 (Studio Schmitz), 153 (Tom Roch); Hansmann: Seite 10, 11, 13, 30, 89, 97, 151; IFA-Bilderteam: Seite 19, 25, 27, 45; Image Bank: Cover (Jean Mahaux), Seite 14 (Regine M.), 68/69, 71, 99 (Jean Mahaux); Jahreszeiten Verlag: Seite 56 (W. Brackrock); Michael Leis: Seite 38/39; Mauritius-AGE: Seite 23, 29, 112/113, /Phototheque SDP: 134; Ebby May: Seite 20, 48, 59; Michael Nagy: Seite 83, 119, 140, Umschlagklappe hinten; Photonica: Seite 51 (Gen Nishimo); The Stock Market: Seite 64 (Bill Miles); Tony Stone: Seite 33 (Axel Hoedt), 67 (Ranald Mackechnie), 76 (Andreas Pollock), 85 (Uwe Krejci), 94 (Ebby May), 104 (Chris Craymer), 108/109 (Stuart Mc Clymont), 145 (Stefan May)

Umwelthinweis

Dieses Buch wurde auf chlorfrei gebleichtem Papier gedruckt. Um Rohstoffe zu sparen, haben wir auf Folienverpackung verzichtet.

ISBN 3-7742-4499-5

Auflage	4.	3.	2.	1.
Jahr	2004	2003	2002	2000

DAS ORIGINAL MIT GARANTIE

Ihre Meinung ist uns wichtig. Deshalb möchten wir Ihre Kritik, gerne aber auch Ihr Lob erfahren. Um als führender Ratgeberverlag für Sie noch besser zu werden. Darum: Schreiben Sie uns! Wir freuen uns auf Ihre Post und wünschen Ihnen viel Spaß mit Ihrem GU-Ratgeber.

UNSERE GARANTIE:

Sollte ein GU-Ratgeber einmal einen Fehler enthalten, schicken Sie uns das Buch mit einem kleinen Hinweis und der Quittung innerhalb von sechs Monaten nach dem Kauf zurück. Wir tauschen Ihnen den GU-Ratgeber gegen einen anderen zum gleichen oder ähnlichen Thema um.

Ihr Gräfe und Unzer Verlag Redaktion Gesundheit
Postfach 86 03 25
81630 München
Fax 089/ 41981-113
e-mail: leserservice@graefe-und-unzer.de

EROTIC GYM

Erotic Gym – das sind fünf Übungen, mit denen Sie fit bleiben (oder werden) für die Liebe, während Sie lustvoll etwas für Ihren Körper und Ihr seelisches Gleichgewicht tun. Sie brauchen dafür etwa eine halbe Stunde Zeit.

ENERGIEBALANCE 1

belebt den unteren Rücken, erwärmt das Becken

Liegen Sie flach auf dem Bauch, die Stirn auf den vor dem Kopf verschränkten Armen. Grätschen Sie die Beine, bis Sie ein leichtes Ziehen der inneren Oberschenkelmuskeln spüren. Lauschen Sie für eine Weile dem Fluß Ihres Atems. Winkeln Sie dann die Unterschenkel ab und schwingen sie abwechselnd locker vor und zurück. Anschließend lassen Sie sie in einem leichten Schwung seitwärts hin und her schwingen und sich kreuzen. Üben Sie etwa 5 Minuten lang.

HEILIGE KATZE 2

macht den Rücken geschmeidig, regt die Geschlechtsdrüsen an

Erheben Sie sich auf Hände und Füße. Strecken, dehnen und kreisen Sie Ihren Po lustvoll in alle Richtungen. Ziehen Sie das Kinn mit der Einatmung zur Brust und drücken dabei den Rücken hoch in den Katzenbuckel. Biegen Sie den Kopf mit der Ausatmung so weit wie möglich nach hinten und lassen den Rücken durchhängen. Üben Sie langsam und bewußt – solange Sie Lust haben.

BECKENWELLE 3

macht das Becken beweglicher, macht empfänglicher beim Liebesspiel

Gehen Sie in den geöffneten Fersensitz: die Füße flach am Boden, die Knie geöffnet (Sie können alternativ auf einem Meditationskissen oder Stuhl üben); die Hände liegen auf den Oberschenkeln. Kippen Sie Ihr Becken abwechselnd nach vorn und hinten, so weit, wie es mühelos möglich ist. Experimentieren Sie mit zwei Möglichkeiten der Atmung: Atmen Sie ein, wenn Ihr Becken nach hinten kippt, und aus, wenn es nach vorn kippt; das bringt Energie ins Becken. Die umgekehrte Atmung stärkt Ihre Hingabefähigkeit. Üben Sie jeweils fünf Minuten mit jeder Atemtechnik.

VON HIMMEL UND ERDE GEKÜSST 4

fördert den Gleichgewichtssinn, ist gut für den Busen

Stehen Sie hüftbreit und gehen dann in die Hocke. Legen Sie die Hände aneinander wie zum Gebet, die Ellenbogen berühren die Innenseiten der Knie, die Stirn ruht auf den Händen. Während Sie durch den Mund ausatmen, richten Sie sich auf, indem Sie die Hände Richtung Erde ziehen. Die Ellenbogen drücken dabei gegen die Knieinnenseiten und

---

Atmung und Bewegung, zwei wichtige Venusschlüssel, sind zusammen ein äußerst wirksames Werkzeug, um lustvoll und lebendig zu werden – und zu bleiben.